# 힘들지?
# 그래, 괜찮아

## 힘들지?
## 그래, 괜찮아

**펴 낸 날**  2022년 10월 12일

**지 은 이**   하태욱
**펴 낸 이**   이기성
**편집팀장**   이윤숙
**기획편집**   윤가영, 이지희, 서해주
**표지디자인**  이윤숙
**책임마케팅**  강보현, 김성욱
**펴 낸 곳**   도서출판 생각나눔
**출판등록**   제 2018-000288호
**주    소**   서울 마포구 잔다리로7안길 22, 태성빌딩 3층
**전    화**   02-325-5100
**팩    스**   02-325-5101
**홈페이지**   www.생각나눔.kr
**이 메 일**   bookmain@think-book.com

• 책값은 표지 뒷면에 표기되어 있습니다.
  ISBN  979-11-7048-451-6(03190)

# 힘들지?
# 그래, 괜찮아

삶에 지친 당신을 위한 따뜻한 위로

**하태욱** 지음

한탄을 그만하고 부족하다면 채우도록 노력을 해보자.
이제는 전 세계의 더 높은 산과 더 깊은 바다를 건너 훨훨 날아가면 된다.
인생은 건드리면 뿅~ 하고 소원을 이루어주는 마법의 지팡이는 없다. 이것은
철저히 동화 속의 이야기일 뿐이다.

생각나눔

"멋있는 사나이, 많고 많지만 바로 내가 사나이, 멋진 사나이
싸움에는 천하무적 사랑을 뜨겁게 사랑을 뜨겁게
바로 내가 사나이다. 멋진 사나이."

행군과정이 퍽이나 힘들었지만 삶이 힘들 때 문득 생각이 났
다. 군부대에서 왕복 40km가 훨씬 넘는 거리를 30kg이 넘는
완전군장을 한 채로 이렇게 우렁차게 군가를 부르면서 행군을
하다 보면 온갖 상념들이 오고 간다. 처음에는 비교적 할 만하
지만, 시간이 흐르면 흐를수록 군장의 무게도 버겁게 느껴지면
서 걷는 속도도 늦어지며 힘들어진다. 점점 욕심이 사라지고 단
순해지며 조교의 10분간 휴식이라는 그 말에 세상에서 가장 반
갑고 행복한 소리로 들리게 된다. 낡은 수통의 물 한 모금이 어
찌 그리 시원하고 달달하던지.

시작은 버겁고 힘들었지만, 행군 때 복귀할 부대를 목표로 하
여 열심히 걷고 또 걸었다. 나보다 더 힘든 전우들을 도울 수

있고 함께 호흡할 수 있는 복된 시간은 덤이었다. 막상 끝나고 나니, 해냈다는 뿌듯함과 자신감을 얻을 수 있었다. 이렇게 힘든 군 생활도 했는데 다른 힘든 일들도 쉽게 해낼 수 있을 것만 같았다. 그렇지만 그것은 철저히 나만의 착각이자 오판이었다.

우리는 무엇을 바라보면서 살아가고 걸어가고 호흡하는가? 힘들고 고비가 찾아오지만, 함께 돕는 자가 있고 목표가 있어 그것을 바라보면서 걷고 호흡한다. 그래서 우리는 일을 하고자 할 때 잘하고 싶고 성공하고 싶을 때 동기부여가 필요하다. 힘든 시기가 지나고 나면 성공한 것처럼, 이겨낸 것처럼 생각하지만 인생은 산 넘어 산이라고 한다. 그래서 우리는 늘 착각 속에서 빠져 살아간다.

우리의 진정한 삶의 목적, 목표는 무엇일까? 인생의 궁극적인 목표는 잘 먹고 잘사는 것일까? 아니면 더욱더 고차원적일까? 100세 시대를 살아가는 현시점에서 인생의 절반도 채 되지 않는 짧은 세월을 살았다. 평소 느꼈던 생각했던 것들을 나를 위해 조금씩 기록하고 끄적여 보았다. 글의 힘은 위대했다. 그러

면서 마음속의 갈등과 갈증이 사라짐을 느꼈다. 마치 몽골의 고비사막을 걷다가 오아시스를 발견한 것처럼. 그리고 내가 겪고 있는 갈등과 고민들은 타인들도 비슷하게 겪고 생각할 것만 같다는 생각에 내용을 공유해보고자 출판을 결심하게 되었다.

결국 '잘 먹고 잘사는 것 혹은 그 이상의 가치를 추구하는 것.' 그래서 나 자신에게 강력한 동기부여를 하기 위해서 끄적인 이글이 여러분들에게도 미약하나마 도움이 되었으면 한다. 한 달 치 분량의 짧고 간략한 글을 하루에 한 장씩 하루를 시작하면서 읽어도 좋고, 하루를 마무리하며 취침하기 전 읽어도 좋다. 쉬는 시간 간간이 읽어도 좋다. 한꺼번에 읽어도 좋다. 그어떤 방법이라도 괜찮다. 부담 없이 편안하게 읽어 줬으면 좋겠다. 이 책을 읽고 단 한 분의 독자라도 삶의 변화가 일어나고 생각의 전환이 생긴다면 나는 더할 나위 행복하고 기쁠 것이다.

마지막으로 늘 나에게 기쁨이 되어주는 개구쟁이 아들과 옆에서 묵묵히 내조를 해주는 아내에게 진심으로 감사의 말을 전한다. 더불어 살아가면서 늘 생각하게 해주고 영감을 갖게 만들어준 모든 일과 사건에도 감사한 맘을 가져본다.

# 차례

삶의 변화와
생각의 전환을
위하여

# Day 1

# 관심과 격려, 칭찬만이
# 진실한 변화의 답

🌙 어느 날 힘자랑하기 좋아하는 바람이 해에게 내기 제안을 하였다. 내기 내용은 '지나가는 나그네의 외투를 누가 먼저 벗길 것인가?'였다. 해가 수락을 하게 되어 지나가는 나그네를 보고 먼저 바람이 험상궂은 표정을 지으면서 나그네에게 입김을 불었다. 엄청난 힘을 쏟아부어서 바람이 나오게 했지만 그럴수록 나그네는 오히려 옷깃을 더 부여잡아서 결국 옷을 벗기지 못하였다. 그렇지만 해는 온화한 미소를 지으면서 따뜻한 햇볕을 나그네에게 비출 수 있도록 하였고, 이에 나그네는 더운 날씨로 인해 외투를 던져버리게 되었다. 결국, 내기는 해의 승리로 끝나게 되었다.

어렸을 때 교과서에서 배운 이솝우화의 바람과 해의 내기 내용이다.

살다 보면 지인 혹은 회사 동료 혹은 부부, 부모-자녀 관계 등 사람과의 관계 속에서 사소한 오해나 문제로 인해 갈등에 부딪히게 된다. 처음에는 사소한 것으로 말다툼을 벌인다. 그러다가 꾸짖고 비난을 하고 정죄를 한다. 말을 통해서 상대방을 변화시켜보려고 한다.

"너는 다 좋은데 이게 문제야. 너 이거 고쳐야 해. 평생 이렇게 살래?"

결국은 큰 싸움으로 번져 서로 안 볼 것처럼 멀어지는 관계들이 많이 있다.

지적하는 사람이 어느 정도 성공의 궤도에 올랐거나 자격이 되는 분이라면 조금은 받아들일 수 있다. 받아들이는 쪽이 본인이 잘못된 것 같다는 생각이 든다면 개선하려고 노력할 것이다. 그렇지만 지적을 하는 상대방이 크게 뛰어난 것도 없고 시답잖다고 생각한다면 고까울 뿐이다.

'자기는 뭐 잘하나? 나랑 별반 다를 것도 없으면서. 누가 누굴 지적하는 거야?'

자신과 별다를 바가 없다고 생각을 하니 그냥 잔소리처럼 들리고 반발심이 생긴다. 이러한 일들이 빈번하고 계속 갈등 속에 있다 보면 배는 결국 산으로 가게 된다. 결국은 서로 멀어지면서 어떠한 조직이나 모임, 단체 등은 원하는 목적에 이룰 수 없게 된다.

잔소리, 정죄, 비난, 혼을 내는 것으로 인간을 결코 완벽하게 변화시킬 수는 없다. 변화되는 것처럼 보여도 혼 안 날려고 그 상황을 모면하고 싶어서 변화되는 척 바뀌는 척 연기를 하는 것뿐이다.

『칭찬은 고래도 춤추게 한다』라는 책이 있다. 스테디셀러로써 지금도 읽히고 있는 이 책에는 칭찬이 주는 긍정적인 변화와 인간관계 동기부여에 관한 내용이 잘 나와 있다. 이 책은 '사람들을 올바른 방향으로 바꿔 나가려면 사람들의 행동에 대해서 부정적으로 반응하는 대신에 긍정적으로 반응을 해야 한다. 신뢰를 쌓아야 하며 긍정적인 면을 강조하면서 실수할 때는 에너지를 전환시켜라.'라고 주장한다. 이것을 '고래 반응'이라고 하는데 범고래가 쇼를 멋지게 해냈을 때는 즉각적으로 칭찬을 하고 실수를 했을 때는 질책하는 대신에 관심을 다른 방향으로 유도하며 중간중간 계속 격려하라고 제시한다.

직장의 동료 선생님에게는 딸이 한 명 있다. 딸이 올해 고2이다. 여타 다른 집 같으면 수학능력시험을 앞두고 예민한 시기인지라 엄마와 딸의 사이가 벌어지곤 한다. 하지만 이 선생님은 딸이랑 굉장히 관계가 좋다. 가끔 통화하는 것이 듣고 싶어 듣는 게 아니고 통화내용이 들린다.

"예은(가명)아, 밥 먹었어? 오늘 뭐 했어?"

굉장히 살갑게 딸이랑 통화하고 마치 친구처럼 지낸다. 대화를 듣다가 전화가 끝나고 난 이후 물어보았다.

"선생님 딸이랑 굉장히 친하게 지내는 것 같은데 비결이 무엇인가요?"

그 선생님이 웃으면서 하는 말 "욕심을 내려놓았고요. 그리고 칭찬해주고 믿어주고 절대로 화를 내지 않았어요. 그래서 아이가 저를 굉장히 좋아해요."

딸의 친구들이 딸을 그렇게 부러워한다고 한다. 곧 고3이 되는 딸에게 욕심을 버리다니 상당히 충격적이었다. 저렇게 욕심도 없이 칭찬하면서 믿어주시다니. 무언가를 아시는 분인 듯하였다.

"딸이 공부 잘해서 좋은 대학 가길 원하지 않는가요?"

"왜 그렇지 않겠어요. 당연히 욕심이 있고 딸이 좋은 대학가길 바라지만 딸은 나의 소유물도 아니며 하나의 인격체이기 때문에 존중해주고 싶고 사랑해주고 싶어요. 그리고 한때 잔소리를 해봤지만 바뀌는 척은 했지만 절대 바뀌지 않더라고요. 오히려 사랑으로 관심으로 칭찬해주고 격려해주니 바뀌더라고요."

범고래가 쇼를 멋지게 했을 때 칭찬을 하고 실수를 하였을 때 질책 대신 격려를 하거늘, 사람에게도 직장의 동료 선생님 같은 적용이 필요한 것이 아닐까? 사람을 변화시키려고 하면 진정한 관심과 격려, 칭찬이 필요하다. 정죄, 비난, 꾸짖음으로 절대 사람을 변화시킬 수 없다.

아이가 90점 맞아왔다. 당연히 잘했으니 칭찬을 해야 한다.
"와 90점 받았네? 완전 기쁘겠다. 우리 아들(딸) 최고"

양손으로 엄지 척 쌍 따봉을 연발코 올려줘야 한다. 그렇지만 칭찬에 익숙하지 못한 아빠나 엄마는 이렇게 이야기를 한다.

"잘했긴 했는데! 조금 아쉽네. 다음에 알지? 무조건 100점이야."

"다 너 좋아지라고 하는 거야. 공부 잘해서 손해 보는 것 없잖니."

칭찬해주면 얼마나 좋을까? 한국 사람들이 이렇게 칭찬에 약한 이유는 무엇일까? 한국 사람들은 대체로 칭찬에 인색한 편이다. 자식도 속사랑으로 키워야지, 겉으로 사랑을 표현하면 자녀를 망친다고 생각하여 엄격함을 지니고 있다. 칭찬은 좋은 것이라고 알지만, 사람들이 칭찬에 약한 이유가 효과적인 칭찬을 받아보지 못했기 때문이다. 엄격한 분위기의 가정에서 성장하여 칭찬에 인색했거나 칭찬이 전혀 없었던 가정 분위기에서 자랐다.

잘했어도 격려와 칭찬을 받아보지 못한 것에 익숙하여 결국 자신도 칭찬과 격려에 인색한 사람이 되어 버린 것이다. 진심 어린 칭찬, 격려만이 자녀를 변화시킨다. 더불어 자존감도 높아지고 자신감도 높아진다. 가정뿐만 아니라 조직과 단체 직장도 마찬가지이다.

진정성 있는 칭찬, 관심, 격려로써 조직의 변화를 일으키고 좀 더 따뜻한 사람으로 변모할 때 그 조직과 단체, 가정은 반드시 승승장구할 것이다.

"유능한 리더는 사랑받고 칭찬받는 사람이 아니다. 그는 그를 따르는 사람들이 올바른 일을 할 수 있도록 하는 사람이다. 인기는 리더십이 아니다. 리더십은 성과다."

— 피터 드리커 —

## Day 2

# 모든 것을
# 잘하려고 하지 말자

🌙 완벽주의는 자신을 향해 높은 기준을 설정하여 높은 성취감을 얻으려고 하는 것이다. 높은 성취감을 얻기 위해 모든 것을 잘하려고 한다. 높은 자기 만족감을 얻기 위해서 수단과 방법을 가리지 않고 목표에 도달하고자 무던히 애를 쓴다.

나 또한 예전에는 나름 완벽주의자였었다. 과거를 돌이켜 생각해보니 업무든 가정이든, 자기계발이든 무슨 일이든 간에 완벽하게 하려고 했던 경향들이 있었다.

어느 날 아침에 출근 전 머리를 감으려고 하는데 세숫대야에 무언가 시커멓고 가는 것이 보였다. 바로 머리카락이었다. '어,

머리카락이 빠지네. 뭐 그럴 수도 있지.'

처음에는 별로 대수롭지 않게 생각을 하였다. 그런데 아침에 머리를 감을 때마다 머리카락이 조금씩 빠지는 것을 보고 약간의 심각성을 느꼈다. 인터넷 검색을 해보니 머리카락이 빠진다는 것은 다양한 원인이 있겠지만 정신적인 스트레스로 인한 것이 크다고 나와 있었다. 나는 굉장히 낙천적인 사람이다. 나이에 걸맞지 않게 티 없이 해맑고 대책 없이 낙천적인 적이 종종 있다. '오늘 못하면 내일 하고 내일 못하면 다음 날에 하면 되지. 그것이 뭐라고 하면 되지. 별것 아니구먼'

이렇게 생각을 하고 지냈지만, 막상 문제에 닥치니 걱정하고 염려하였다. 그리고 막상 문제가 닥치면 모든 일을 완벽하게 처리하려고 하고 완벽주의자 성향을 보이니 내 몸이 야금야금 고통을 받고 있었다. 머리카락으로써 나에게 이렇게 항의를 하고 있던 것이다.

'주인님, 제발 좀 스트레스 받지 마세요. 적당하게 하시면서 너무 모든 것을 잘하려고 하지 말아주세요.'

어느 날 새벽에 심장이 아팠던 적이 있었다. 코로나 19로 인해 1, 2차 예방접종을 하고 난 이후 부스터 샷 화이자 예방접종을 하였는데 하필이면 부스터 샷 3일 후였다.

접종 후 아주 드물게 심근염, 심근낭 이런 게 있을 수 있다고 하였다. 겁이 났고 다음 날 출근 후 양해를 구하고 병원에 갔다. 심혈관 센터 가서 피검사, X-ray, 심전도, 심장 초음파 검사를 하고 난 이후 의사 선생님과 면담을 하였다. 다행히 심장에 아무 문제가 없었다. 다만 콜레스테롤 수치가 높으니 조심하고 콜레스테롤 수치가 높으면 고지혈, 협심증 등의 심혈관 질환이 생길 수 있으니 주의하며 먹는 음식과 운동 스트레스 관리를 잘하라고 당부하셨다. 심히 당혹스러웠다. '담배도 피지 않고, 술도 소주 기준으로 한 달에 한 병 정도 마실까? 많이 안 마시는데?'

운동 부족인 것은 사실이었다. 의사 선생님께서 콜레스테롤이 스트레스 호르몬이라고 불리는 코르티솔의 수치를 높여 우울증을 발생시키고 스트레스로 인해 먹는 것을 많이 먹게 되니 스트레스 받지 말고 긍정적으로 생각하면서 음식 조절과 운동을 하라고 하셨다.

'완벽주의 성향이 나 자신에게 스트레스를 줬구나. 이로 인해 콜레스테롤 수치가 높아졌고, 업무로 인한 스트레스 그리고 야식 및 늦은 식사로 인해 나의 몸이 이렇게 되었구나.'

문득 나 자신에게 미안해졌다. '내 몸아 미안하다. 주인을 잘못 만났구나.' 반성하며 눈물을 흘렸다.

개인에게 완벽주의적인 성향이 높을수록 개인은 실현이 힘들 정도의 목표와 기준을 달성하고자 한다. 그러다 보니 심리적 갈등이나 우울감, 불안감 등의 감정이 생겨난다. 그리고 본인 자신을 비난하게 되고 자존감이 낮아지게 되고 자신이 열등하다고 느낀다.

한편 완벽주의자들은 왜곡된 비논리적인 사고, 비합리적인 행동을 통해서라도 경쟁에서 무조건 이기려고 하는 경향이 강하다. 그러다 보니 대인관계에서 문제를 일으키곤 한다. 무조건 이기려고 하고 잘하려고 하다 보니 실패를 늘 두려워하고 회피하게 된다. 하다 보면 넘어질 수도 있고 실패할 수 있는 것이 당연하다.

처음부터 잘하는 사람이 있을까? 처음부터 잘할 수 있는 일들이 있을까? 노력 없이 가질 수 있는 것은 고작 해봐야 나이와 뱃살뿐이다. 단순하고 쉬운 일들은 잘할 수 있겠지만, 어느 정도의 기술과 시간이 있어야 하는 일들은 처음부터 잘할 수 있는 일은 아니다. 실패하기 싫어서 넘어지면 아플까 봐 힘이 들까 봐 두렵고 겁나고 우울해진다.

누가 시킨 것도 아닌데 자기 자신의 감정에 올무처럼 갇혀 적금처럼 차곡차곡 쌓이다가 결국은 폭발하게 된다. 몸이 못 견디고 소진이 된다. 즉 '번 아웃(burn out)'하게 되는 것이다. 건강에 영향을 미치게 되고 건강이 조금씩 나빠진다.

술, 담배를 한다고 해서 당장 나빠지는 것이 아니듯이 완벽주의 성향이 몸을 나빠지게 하는 것은 아니지만 조금씩 조금씩 자기도 모르는 사이에 몸을 해하게 된다.


종교인이자 방송인으로 유명한 혜민 스님이 쓴 『멈추면 비로소 보이는 것들』이라는 책이 있다. 이 책을 보면 이런 내용이 나온다. "내 안의 내면을 들여다보고 내 마음이 쉬면 세상도 쉬고 내 마음이 행복하면 세상도 행복하다."

여러분들도 모든 일을 잘하려고 하지 마시고 때로는 힘을 빼보는 게 어떨까? 어느 정도는 내려놓는 게 어떨까? 힘을 빼면 보였다. 때로는 느리게 살다 보니 보이지 않던 것들이 보이기 시작하였다. 시간이 금인 현대 생활 속에서 기동력이 중요하여 자가용을 타고 다니니 집주변을 살펴본 여력이 없었다. 그렇지만 건강을 위해서 아침에 일어나서 천천히 걸어 다니니 평소 볼 수 없었던 것들이 보이기 시작하였다. 앞만 보고 달리면 옆을 볼 기회가 줄고 여유도 없게 된다. 그렇지만 책 제목처럼 멈추면 비로소 보이게 된다. 하나를 위해서 전부를 바치는 실수를 범하지 말길 바란다.

못 오늘 나무는 쳐다보지 말라고 하였지만, 오늘 못 오르면 어떤가? 무조건 끝까지 오늘 올라야 하는 건 아니지 않은가? 일의 경중에 따라 달라지겠지만 급하고 중요한 일이 아니라고 한다면 내일 오를 수 있고 내일 안 되면 모레 이런 식의 여유를 가지면서 살아가 보자.

"돈을 잃어버리면 조금 잃은 것이요, 명예를 잃으면 많이 잃은 것이요. 건강을 잃으면 다 잃은 것이다."

– 탈무드 –

## Day 3

# 누구나 잘하는 것은
# 반드시 있다

🌙 나는 학창시절에 내가 잘하는 것이 무엇인지 전혀 모르고 살았다. 생각할 이유조차도 없었다. 하지만 나이를 먹고 직업을 가지게 되면서 한 번쯤은 생각해 보게 되었다. 내가 과연 잘하는 것이 무엇일까? 무엇을 좋아할까? 진로 적성검사에서도 발견하지 못했던 그것, 대학교 생활 및 취업하면서 발견되었던 재능이었다.

그것은 한 번도 본 적 없는 타인에게 태생적으로 부끄러움이 없이 태어났나 싶을 정도로 두려움 없이 말을 할 수 있다는 것과 퍽 잘 쓰지는 못하지만 글 쓰는 것을 즐기는 것, 이것이 남들에게 내세울 만한 그나마 잘하는 것이었다. 남들보다 그나마 잘할 수 있는 것이 언어적인 재능이라고 감히 자부해본다. 그래서인지 아재 개그를 기가 막히게 잘 구사한다.

또한, 사람들과의 대화 및 토론을 즐기는 편이다. 친화력이 뛰어나고 사람들을 좋아한다. 특히 리액션 끝판왕이라고 해도 전혀 이상하지 않을 만큼 리액션 정말 잘한다. 감탄을 그렇게 잘할 수 없다. "크아, 이야, 아주 멋지다. 잘하네!" 칭찬도 잘하고 거짓말이라고 해도 전혀 기분 나쁘지 않은 거짓말도 능청스럽게 하는 편이다.

미국 하버드 대학교수인 하워드 가드너라는 학자가 있다. 그분이 주장한 이론 중에 정말 유명한 이론이 있는데 바로 다중지능이론이라는 것이다. 하워드 가드너는 사람마다 색다른 재능들, 특징들이 있다고 주장을 하였다. 다중지능이론은 총 8개의 지능으로 구분을 한다. 자기성찰 기능, 언어지능, 논리수학지능, 신체 운동지능, 공간지능, 음악 지능, 자연지능, 인간 친화기능 총 8가지로 분류를 한다.

1. **자기성찰 지능**: 자신의 성격이나 기분 등에 대해서 성찰을 하고 자신의 내적인 문제를 해결하는 능력이다.

2. **언어지능**: 말이나 글을 사용하고 표현하는 능력으로써 수많은 다수가 가지고 있는 보편성을 지닌다. 여기서 외국어 습득

능력도 포함된다.

3. **논리수학 지능**: 숫자나 기호 상징체계 등을 습득하고 논리적 수학적으로 사고하는 능력을 의미한다. 논리수학 지능은 기존의 IQ에서 초점을 두었던 영역이다.

4. **신체 운동지능**: 목적에 맞게 신체의 다양한 부분을 움직이고 통제하는 능력으로 무용이나 운동뿐만 아니라 일상생활에서의 균형감각과 섬세한 손발의 움직임까지 포괄적으로 포함한다.

5. **공간지능**: 그림이나 입체설계도 등 공간과 관련된 상징을 습득하는 능력이다. 시각적인 능력과도 연관이 있다.

6. **음악 지능**: 화성과 음계와 같은 음악적 요소와 다양한 소리들을 파악하고 표현하는 능력을 의미한다.

7. **자연지능**: 자연을 분석하고 상호작용하는 능력으로써 이 지능이 높으면 자연에 대한 관심이 많고 자연의 동식물에 관한 해박한 지식을 가지고 있다.

8. **인간 친화 지능**: 타인들의 기분, 감정, 태도 등에 대해서 분석하고 이해하며 적절하게 반응하면서 교류를 하고 때론 공감할 수 있는 능력이다.

이렇게 하워드 가드너는 8가지 지능을 주장하였다. 여러분들은 어떠한 지능을 가지고 있는 것 같은가? 다중지능이론의 핵심은 모든 개인은 이런 지능과 재능, 장점이 있다는 점이다. 그리고 각자의 지능을 적절한 수준까지 개발할 수 있고, 이 지능들은 서로 협조하여 다양한 방식으로 작용한다는 것이다.

과거엔 IQ라는 것으로 인지능력만을 평가했다. 그렇지만 하워드 가드너의 다중지능이론은 아이큐를 가지고 머리가 좋다 나쁘다 평가하는 것과는 전혀 다른 관점으로 재능을 판단하였다. 다중지능이론을 가지고 여러분들의 장점과 잠재력을 파악하여 삶에 적용하게 되면 여러분들의 자신감, 학습 능력, 강점 개발, 단점보완 등에 훨씬 더 좋은 효과가 있을 것이다.

'나는 왜 이렇게 부족하지? 남들보다 못하는 것투성이야. 이런 내가 너무 싫다. 나도 무언가를 잘해보고 싶다.' 이런 생각들이 든다면 사색의 시간을 가져보길 바란다. 곰곰이 진지하게 생각을 해봤으면 한다. 분명히 잘하는 것이 한 개쯤은 반드시 있을 것이다. 굳이 하워드 가드너의 다중지능이론이 아니라도 말이다.

내 꿈은 이게 아니었는데, 꿈을 구체화해서 살고 싶었는데 이렇게 사는 내가 너무 속상해하는 분들이 계신다면 실망하지 마셨으면 한다. 꿈을 이룬 예도 있지만, 현실에 맞춰진 재단된 꿈이라 꿈과는 다른 일을 하고 있을 수도 있다.

하지만 그 일, 그 직업 속에서도 또 다른 재능이 발견될 수도 있다. 또 다른 재능을 발견하고 그 재능에 따라서 훗날 상황은 얼마든지 역전될 수 있다. 만루 홈런은 얼마든지 가능하다. 하지만 그 시기와 상황이 죽이 척척 맞아줘야 한다. 무엇보다 자기만의 강단이 있어야 한다. 주변인들의 편견과 선입견 등을 이겨낼 수만 있다면 더더욱 좋을 것이다. 주변에서 이 시기는 무엇을 하기에 최고의 적합한 시기라곤 하겠지만, 인생의 적합한 시기라는 것은 본인만이 알 수 있다. 타인들이 부모님들이 주변인들이 절대로 알 수 없다. 그러니 힘내시길 바라며 너무 서글프게 부정적으로 생각하지 않았으면 한다.

운전할 때 어두운 터널 속을 지날 때는 너무 컴컴해서 아무것도 보이지 않는다. 하지만 터널을 지나고 나면 밝은 빛이 우리를 맞이하게 된다. 자기만의 잘하는 것, 장점을 발견하지 못하고 현실에 안주하면서 한탄만 하고 살아가고 있는가? 힘겹게 삶의 무게 속에서 살아가고만 있다면 지금 터널 속에 있는 것이다. 그 터널을 빠져나올 수 있도록 최선을 다하고 노력을 해보자. 그러면 밝은 빛이 반드시 비칠 것이다. 이것이 바로 인생의 묘미다. 행하지 않으면 아무런 일도 일어나지 않는다. 최선과 노력도 없이 한탄만 한다면 인생은 너무 서글플 것이다.

"성공이란 결과로 측정하는 것이 아니라 그것에 소비한 노력의 총계로 따져야 할 것이다."

– 에디슨 –

# Day 4

# 사회적 알람을
# 꺼버리자

🌙 눈에 넣어도 전혀 아플 것 같지 않은 나의 아들 하시온. 어느 부모든 마찬가지지만 자녀에 대한 부모의 사랑은 각별하다. 영혼을 팔아서라도 사주고 싶고, 해주고 싶은 것이 부모의 마음 일터. 나 또한 일반 부모들처럼 마찬가지지만 시온이는 나에게 정말 특별한 아이다.

유산을 한 번 해서 늦게 낳은 아이라서 그런 것도 있지만 시온이는 늦은 아이였다. 일반 또래 아이들보다 배밀이, 뒤집기, 앉기 등 그 개월 수에 맞게끔 성장하지 않았다. 그로 인해 나와 아내는 신경이 쓰였지만, 조금 늦는 아이도 있겠지 싶어 긍정적으로 생각하였다. 하지만 가장 크게 신경 쓰였던 것이 바로 걷는 것이었다.

같은 엄마 배에서 나온 형제들도 다른 법이거늘 당연히 아이마다 발달의 정도가 다른 것은 자명한 사실이다. 그렇지만 시온이는 발달의 정도가 매우 달랐고 결정적으로 걷는 것이 정말 늦었었다. 19개월에 걷게 되었는데, 걷기 전에 주변에서 걱정을 많이 해주셨다.

"시온이가 늦게 걷는 것 같네. 병원 가봐야 하는 것 아닌가?"

"괜찮습니다. 다 때가 되면 걷겠죠."

쿨하게 말은 했지만 내심 걱정했던 것은 사실이다. '시온이 늦게 걷네? 정말 병원 가봐야 할까? 병원 가볼까?'

주변 사람들의 관심과 걱정은 처음에는 매우 감사했다. 그렇지만 염려 걱정도 한두 번이면 족하다. 좋은 소리도 한두 번 들으면 진정성을 의심되는 법이거늘 부모인 우리가 알아서 할 텐데 왜 그리 계속 염려 걱정에 입방아를 찍어대는지. 계속되는 염려 걱정에 나도 화가 나기 시작했고 그냥 무시하기로 하였다. 오지랖도 이런 오지랖이 어디 있냐 싶었다. '시온이 키우는 데 돈 한 푼 보태 준 것도 아닌데 왜 간섭하고 오지랖 떠느냐? 부모인 우리가 알아서 잘할 거다.' 이런 생각까지 하였다. 심지어 박찬욱 감독의 「친절한 영애 씨」의 명대사 "너나 잘하세요."라는 말까지 하고 싶을 지경이었다.

주변에 보면 오지라퍼들이 많이 있는 것 같다. 겉으로는 위하는 척, 널 위해서 그런 거라고 말을 하지만 막상 들여다보면 친밀감을 근거로 상대를 통제하려는 의도를 다분히 깔고 간다. 예를 들어 '내가 너를 챙겼으니 너는 나의 말을 들어야 해.' 이런 식인 것이다.

문제 당사자의 본인 뜻대로 생각대로 밀고 실행하면 될 텐데 굳이 나서서 친절하게(?) 그 사람의 인생에 대해서 이러쿵저러쿵 입방아 찍어대고 조언이라는 이름으로 말할 필요가 있을까? 물론 말을 해주는 사람은 좋은 의도로 했지만 듣는 사람의 처지에서는 기분이 나쁠 수 있다.

사회적 알람이라는 말이 있다. 사전에 나와 있는 말은 아니지만, 통상적으로 사회적 알람이라는 것은 어떠한 일정한 시기가 도래했을 때 무언가를 반드시 해야 하는 무언의 압박을 뜻한다. 이를테면 이런 것이다. 간단하게 예를 들어보겠다.

1. 8살에는 초등학교 입학을 해야 하고 20살에는 무조건 대학을 가야 한다.
2. 남자 나이 23살쯤에 군대에 가야 하고, 남자의 경우에는 20대 후반에 무조건 취직해서 인간 구실을 하면서 부모님을 안

심시키고 기쁘게 해드려야 한다.

3. 여자 나이 27살~28살이면 시집을 가야 하고 30살 되기 전
   에 아기를 낳아야 한다.


　사회적 알람에 따라 사회적인 분위기에 맞춰 살게 되면 평균
에 미치는 생활을 하니 마음이 편할 수는 있다. 인간은 사회적
동물이니 더불어 사는 세상, 남들이 다하니깐 나도 따라서 하
면 눈총받을 일도 없다. 눈치 봐야 할 일도 없다. 하지만 생각
해보면 사회적 알람이라는 것은 잔인하고 화가 나는 말이다.

　같은 엄마 배에서 나온 일란성 쌍둥이들조차도 성격이 조금
씩 다른 법인데 당연히 사람마다 개개인의 차이가 있고 다른
법이다. 얼굴도 다르고 성격도 다르고 자라온 환경에 따라 다
를 수밖에 없다. 그런데 왜 굳이 사회적인 속도를 따라가야만
하는 걸까? 물론 평균이라는 것은 늘 존재한다. 평균으로 살
아가면 위에서 언급한 것처럼 마음이 편안하다. 중간치보다 정
말 잘하는 상위나 최상위에 사람도 있을 것이고 늘 하위권 혹
은 최하위권에 머무는 사람도 있다. 그렇지만 하위권, 최하위
권에 머문다고 해서 비난받을 이유도 없게 비난해서도 안 되는
것이다.

사람 앞날의 인생은 어떻게 될지 아무도 알 수 없다. 오직 신만이 알 수 있을 것이다. 의료와 과학의 발달로 인해 인간의 수명이 평균 100세 시대에 접어들었다고 한다. 그 긴 세월 속에 넘어졌다가도 일어설 수가 있고, 성공하다가도 실패할 수가 있다. 잘 걷고 뛰다가도 넘어질 수도 있다. 그래서 흔히 인생을 롤러코스터에 비유하곤 한다.

사람은 사회적인 속도, 사회적 알람을 반드시 꼭 따라가야 하는 것은 아니다. 청년실업이 대략 32만 명이라고 통계치를 신문에서 본 적이 있다. 취업을 못 하는 원인은 다양할 것이다. 그래서 나처럼 주변인들의 걱정과 조언을 많이 받았을 터. 주변인들이 보기에는 취업준비생들이 때로는 한심스러울 수도 있다. 그렇지만 가장 힘든 건 취업을 못 하는 청년들 본인들일 것이다.

"너 나이가 몇 살인데 아직도 이러고 있냐?"

"평생 부모 등골 빼먹고 살래?"

"돈 벌어서 너도 장가가고 시집가서 애 낳고 부모님께 효도해야지."


타인들의 과도한 조언과 걱정으로 인해 걱정이신 분들 사회적 알람을 꺼버리길 바란다. 사회적 알람에 신경조차 쓰지 말길 바란다. 그분들은 나의 인생에 대해 간섭할 자격 전혀 없다. 더

당당하고 떳떳하게 지내고 절대로 움츠러들지 않았으면 좋겠다. 본인의 시간에 맞춰서 천천히 움직이고 있으니 말이다. 그 사람의 기준치, 그 사회의 기준치와 잣대에 못 미치면 패배자고 실패자인 것은 결코 아니다. 취업준비생들뿐만 아니라 주변인들로부터 힐난과 비난을 받는 분들 사회적 알람에 맞춰서 무언가를 못 하고 성취 못 하신 분들 절대로 패배자가 아니고 실패자 아니다. 자기 자신을 사랑하면 좋겠다.

그리고 사회적 알람에 걸맞지 않게 일을 더디게 하고 성취 못하는 분들께 조언해주시는 분들 감사할 수도 있지만, 사랑으로 그냥 말없이 지켜봐 주시길 당부드린다. 비난과 무턱대고 조언과 과도한 관심보다는 적당한 격려와 사랑이 제일 좋은 것이다.

한편 사회적 알람을 꺼버리되 반드시 알아야 할 것이 있다. "늦었을 때가 가장 빠르다."라는 속담처럼 우리가 따져야 할 것은 나이가 아니다. 우리가 따져야 할 것은 우리들의 실력이 얼마나 잘 갖추어져 있냐의 여부이다. 객관적으로 자신을 돌아보면서 나는 얼마나 그 일을 하기 위한 실력을 갖추고 있으며, 그 일에 대해 어느 정도 알고 있는지 분석을 해보도록 하자. 마냥 좋아하는 것이 아닌 잘할 수 있는 것이 되기 위한 최소한의 준비는 하고 가야 할 것이다. 그래야 주변인들의 비난이나 힐난에도 불구하고 강한 정신력을 유지할 것이 아닌가? 때론 주변인들의 걱정과 근심 또한 한 번쯤은 웃어넘길 수 있는 여유를 가지자.

관심과 사랑이 있으니 그런 것이다. 관심과 사랑조차 없다고 한다면 걱정, 근심하지 않을 것이다. 여유를 가지되 자기만의 칼을 갈면서 언젠가는 세상에 그 칼을 휘두를 날이 반드시 올 것을 기대해보자.

"나는 과거를 생각하지 않는다. 중요한 것은 끝없는 현재뿐이다."

− 윌리엄 서머싯 −

## Day 5

# 성공하고 싶다면
# 좋은 습관을 지녀라

🌙 어떤 사람이 있었다. 일반 사람보다 독서량이 5배나 되었다. 습관적으로 책을 읽은 것이다. 그는 16살 때 이미 사업 관련 서적을 수백 권 독파한 열성 독서광이었다.

그의 일과를 보면 아침에 일어나 사무실에 나가 자리에 앉자마자 책 읽기를 시작한다. 책을 읽은 다음에 통화하고 난 후 업무를 보고 다시 읽을거리를 집으로 갖고 와 읽고 난 이후 다시 통화를 한다. 정보싸움이 곧 투자의 비결인 주식시장에서 그가 마이더스의 손으로 불릴 수 있는 것은 바로 이같이 독서를 습관화하였기 때문이다. 다독가이자 독서광인 이 사람은 누구일까? 자못 궁금해지지 않는가? 이 사람은 유명 투자자인 워런

버핏이다.

그녀는 사람들과 쉽게 포옹하는 습관을 갖고 있었다. 그녀는 "나는 교황과도 쉽게 포옹할 수 있다."라고 말할 만큼 사회적 지위의 고하를 막론하고 쉽게 다가가 마음을 편하게 해주는 탁월한 능력을 갖추고 있었다. 특히 그녀가 진행하는 TV쇼 출연자들과의 포옹은 토크로는 풀 수 없는 정서적 커뮤니케이션을 가능케 만들었고, 그녀의 이런 모습은 시간이 흐를수록 모든 사람에게 공평하고 따뜻하다는 이미지를 심어주는 계기가 되었다.

또한, 그녀는 팬 관리의 하나로 직접 팬레터에 답장하는 것이 그녀를 위한 강력한 지지자를 만들 수 있었다. 심지어 2004년 그녀는 자신의 쇼에 참석한 방청객 276명에게 우리 돈으로 3,200만 원 정도의 새 차를 한 대씩 선물하여 화제가 되었다고 한다. 긍정적이고 창의적인 그녀의 성격을 대변하는 일화가 아닐 수 없는데 그렇다면 그녀는 대체 누구일까? 바로 토크쇼의 여왕 오프라 윈프리이다.

여러분들은 어떠한 습관을 지니고 있는가? 위에서 언급한 두 명 외에도 성공한 위인들은 좋은 습관들을 가지고 있다. 현대그룹 창업자이신 고 정주영 회장님도 "어이, 해봤어?"라는 말을 입에 달고 살면서 도전하는 습관을 늘 가지고 살았다고 한다. 부자가 되고 싶다면 우리가 흔히 아는 상식으로서 종잣돈을 모아야 한다. 한 달에 얼마씩 모으고 또 모으고 이렇게 종잣돈이 모이면 그것으로 주식을 사든 부동산을 하든 이러한 방식으로 부자로 서서히 변모하게 된다.

배에 식스팩을 만들고 싶다고 한다면 식이조절 및 복부 관련 운동을 해야 한다. 운동에 조금이라도 관심이 있는 사람이라면 잘 알고 있는 상식이다. 그렇지만 잔인한 진실은 머리로는 잘 알지만, 몸으로 전혀 행하지 않는 것이다. 부자가 되고 싶지만 사고 싶은 것 다 사고 먹고 싶은 것 다 먹는다. 종잣돈 전혀 모으지 않고 모아도 독하게 모으지 않는다. 그러면서도 부자가 되기를 끊임없이 갈구한다.

배에 식스팩을 만들고 싶어 하면서도 치맥은 끊을 수 없다. 불타는 금요일이라 맥주에 치킨은 치명적인 유혹이다. 오랜만에 만난 친구들과 함께하다 보니 독하게 마음먹었건만 '에이 오늘 하루만 이렇게 하고 내일부터 또 운동하지 뭐.' 하며 쉽게 자신과 타협을 하고 만다. 되고 싶지만 하고 싶지만, 원하지만 할 것 다 하고 있다. 성공은 하고 싶은데 변화는 되고 싶은데 전혀 새로운 삶의 변화는 없다.

간절히 원하고 변화가 되고 성공을 하고 싶다면 좋은 습관을 만들어야 한다. 그리고 변해야 한다. 그렇지만 하루아침에 좋은 습관이 만들어지지는 않는다. 평소 흥청망청 세월아 네월아 하면서 니나노 하던 사람이 '인생 뭐 있어? 즐기면서 사는 거지 뭐.' 이런 생각을 하는 사람이 부자가 되겠다고 종잣돈을 모으는 것은 낙타가 바늘귀에 들어가기만큼 어렵다. 배에 식스팩을 만들고 싶지만, 치맥이 삶의 기쁨이라고 자위하는 사람들에게는 쉽게 치맥의 유혹을 끊어내는 습관을 만들기 어렵다. 독하게 마음을 먹지 않는다면 그 습관을 버리기 힘들다는 것 알고 있다.

그렇다면 우리는 성공을 못 하고 변화가 되기 힘든 것일까? 순응하면서 현실에 만족하면서 살아야 하는 걸까? 포기는 금물이다. 포기는 배추 셀 때 하는 단위일 뿐이다. 성공한 사람들 혹은 위에 언급한 위인들은 처음부터 이런 습관을 지녔을까? 노력으로써 습관을 만들 수 있다. 그리고 사소한 습관부터 시작하여 지키려고 꾸준히 더욱 노력하여 습관을 만들면 된다.

한편 좋은 습관은 계속 개발을 하고 업그레이드할 수 있지만 나쁜 습관을 끊어낸다는 것은 쉽지 않다. 그럼 어떻게 해야 할까? 나쁜 습관은 그냥 없애버리려고 하지 말자. 오랜 세월 동안 동고동락(?)해온 나쁜 습관을 없애려고 하는 것이 오히려 스트레스로 다가온다. 타인에게 치명적이지 않거나 피해가 가지 않고 나에게도 큰 피해가 없는 이상 그냥 짊어지고 가는 편이 낫다. 좋은 습관을 꾸준하게 유지하여 계속 가지고 가는 것이다. 좋은 습관과 나쁜 습관이 공존해 가는 것이다. 중요한 것은 그런 좋은 습관을 계속 가지고 가면서 꾸준하게 실천해야 한다.

발상의 전환을 해보는 것이 어떨까? 배에 식스팩을 만들고 싶으면서 치맥을 도저히 못 끊겠다고 한다면 차라리 근심과 걱정 없이 치맥을 먹고 난 이후 일정 시간 이상 걷기 혹은 뛰기 운동을 하는 편이 오히려 더 낫지 않을까? 쉽게 끊어낼 수 없는 나쁜 습관이라고 한다면 끊어내기가 쉽지 않기 때문에 이렇게라도 하는 것이다.

좋은 습관 형성의 또 하나의 방법을 제시해 보겠다. 누구나 성공하기를 원하지만, 성공이라는 것이 쉽게 주어지는 것은 아니다. 그래서 위에서 언급한 성공자들 외에도 여러분들의 주변인 중에서 성공한 것 같다, 닮고 싶은 사람인 것 같다는 사람을 찾아보자. 그런 분들을 발견했다면 여러분들은 행운아들이다. 발견한 분들을 벤치마킹을 해보는 것도 좋은 방법이다. 그들을 본받아 조금씩 실천하다 보면 그들처럼 닮아가면서 성공의 문턱에서 승리의 여신이 웃고 있는 것을 발견할 것이다. 여러분들의 성공적인 습관을 통해서 인생이 좀 더 잘 풀리길 바란다.

"좋은 습관을 버리기는 쉽지만, 다시 길들이기는 어려운 일
이다."

– 빅토르 위고 –

## Day 6

# 착한 메시아 콤플렉스를
# 버리자

🌙 인간관계를 하다 보면 한없이 자상한 사람이 있다. 여유가 있고 잘 사는 것도 아닌데 막 퍼주는 것을 좋아하고 도와주는 것을 좋아한다. 측은지심으로 이해하고 보듬어 준다. 좋은 게 좋다고 그럴 수도 있지 하고 마음이 굉장히 태평양 같다. 여러분들은 이런 대책 없이(?) 자상한 사람에게 끌리는가?

한없이 자상하더라도 상대방이 무례한 행동과 언어를 사용하였을 때도 그 사람은 이해할까? 어느 정도 친한 사적인 관계에서는 이해할 수 있지만, 만약 이해하지 못하면 안 보고 그냥 "안녕." 하면 그만이다. 하지만 업무나 조직에서는 상대방의 무례한 행동이나 언어로 인해 그만두기 힘들다. 먹고 사는 것이 중요하니 어쩔 수 없이 이해하고 참고 넘어간다. '뭐 그럴 수도 있지. 그 사람 원래 나쁜 사람은 아니야.' 사실은 먹고 사는 것이 중요한 것보다는 상대방의 무례한 행동인 것을 알고 있지만, 직설적으로 이야기하면 상대방이 상처받을 것을 우려하고 있다. 직설적인 이야기로써 갈등이 야기될 것 같아서 일부러 회피한다.

남자들은 체면과 명예를 중요시한다. 아파도 아프다는 소리를 잘 하지 않고 참고 또 참으면서 결국 병원에 입원하게 된다. 그리고 이렇게 걱정을 한다.

'내가 없으면 그 부서(팀)는 안 돌아갈 텐데. 걱정이다. 걱정되어 마음이 편치 않네!'

특히 높은 직급에 있는 분이라고 한다면 더욱 그렇다. 그 사람이 아니라고 하더라도 조직이 팀이 안 돌아가는 것은 아닌데 걱정을 한다. 이가 없으면 잇몸으로 살아지게 마련이다.


남녀가 연애할 때 여자가 남자에게 끌릴 때는 다양한 이유가 있을 것이다. 자상하거나, 재력이 풍부하거나, 웃기거나, 목소리가 좋거나 기타 등등 다양한 이유로 인해 남자에게 이끌려 연애라는 것을 하게 된다. 그렇지만 누가 봐도 이해할 수 없는 연애를 하는 예도 있다. 얼굴이 못생겼거나, 똥구멍이 찢어지게 가난한 남자와 연애하는 여자가 있다. 심지어 진지한 스타일, 목소리도 별로 좋지 않은 남자, 겉모습이 못나고 매력이 그다지 없는 남자와 연애하는 여자들이 있다. 누가 봐도 잘난 것이 없는 남자랑 연애한다. 더군다나 바람을 피우거나 폭력성이 있는 등 하나같이 문제가 있는 남자랑 연애하는 여자들도 존재한다. 마치 바보 온달이랑 결혼한 현대판 평강공주 같다.

누가 봐도 이해가 안 가는 상황이다. 도대체 왜 이 여자들은 이런 남자들하고 사귈까? 옛날 아버지 세대들이 밖에서는 호인이라는 소리를 들으면서 자상하고 친절하였지만, 집안에서는 전혀 다른 모습을 하고 다니는 아버지들이 많으셨다. 그것은 왜 그런 걸까?

메시아 콤플렉스라는 용어가 있다. 개인이 구세주(메시아)가 될 운명이라는 신념(생각)을 가지고 살아가는 마음 상태를 뜻하는데 마치 인류를 구원하려고, 인류의 고통을 해결해주려고 이 땅에 온 하나님의 아들 예수그리스도가 생각이 난다.

메시아 콤플렉스를 가진 사람은 자신이 구세주의 역할을 하여 타인을 구원함으로써 자기 자신이 살아있음을 느끼고 행복해하고 기뻐한다. 그래서 상대방을 늘 챙겨주고 배려하면서 살아간다. 스스로 나서서 상대방의 문제를 해결해주려고 한다. 그러다 보니 고난에 처할 때도 있다. 때론 스스로 고난을 자처할 때도 있다. 그래야지 본인의 마음이 편하고 행복하고 기쁘다고 느낀다.

그렇지만, 아닌 것은 아니다. 상대방에게 한없이 베풀어도 상대는 전혀 감사할 줄도 모르고 그냥 당연한 것처럼 받아드린다. 처음에는 고마워하는 것 같다가도 상대방의 호의가 부담스럽게 느껴질 때도 있다. 주는 사람으로서는 기쁘고 행복하지만, 상대방은 전혀 그렇지 못한 것이다.

결국은 주는 사람과 희생하는 사람은 바보, 호구가 될 가능성이 커진다. 태평양 같은 넓은 마음으로 이해하는 것도 한두 번이지 상대방의 무례한 말투와 행동까지도 이해하게 되면 바보 소리를 듣게 된다. 높은 직급에 있는 사람이 입원할 때 회사를 걱정하지만, 누군가는 하게 되어 있다. 바보 소리를 듣고 결국 인간관계가 악화하고 상대를 원망한다. 누가 봐도 문제가 많은 남자랑 연애하는 한없이 착한 여자들은 나쁜 남자들의 먹잇감이 되고 만다. 밖에서는 호인이라는 소리를 들으면서 착한 사람, 좋은 사람이라고 인정을 받아야지만 본인들의 마음이 편안해진다. 일종의 메시아 콤플렉스에 사로잡힌 사람들이다.


조직을 늘 걱정하는 자신이 구원자임을 자신만이 살릴 수 있는 메시아임을 걱정할 필요가 없다. 모든 사람을 보듬어 줄 필요가 없으며 메시아 콤플렉스 버려야 한다. 늘 힘든 인간관계에 (그것이 연애든, 우정이든, 사랑이든) 시달리고 있다면 한 번쯤은 고민해 봐야 한다. 한편 내가 생각하는 모든 것들이 완벽하고 옳다고 생각하여 강요하지 말아야 한다.

"왜 내 말을 안 듣는 거야? 내 말을 잘 들으면 자다가도 떡이 생길 텐데 이해 안 되네. 내 말 좀 들어. 다 너 잘되라고 하는 소리잖아."

자라온 환경과 현재 생활하고 있는 환경이 너무 다른지라 받아들이는 상대방으로서는 부담스럽고 어렵고 당황스럽다. 메시아 콤플렉스에 사로잡혀서 마치 정의의 사도 같은 나의 말만 잘 들으면 잘될 수도 있는 믿음 이것은 순전히 당신만의 착각이다. 조금은 내려놓아야 한다.

"이 한 몸 희생하여 이 지역을, 이 사회를, 이 나라를 바꾸겠습니다." 선거철만 되면 후보자들은 이 말을 입에 달고 산다. 그렇지만 후보자들이 당선되고 난 이후 혼자서 바꿀 수 있는 것은 아니다. 협력하여 바꿀 수 있다. 내가 다 바꿀 수만 있다면 슈퍼맨 같은 대단한 능력자이겠지만 우리는 대단한 능력자들이 아닌 평범한 사람들이다.

예수 그리스도가 십자가를 짊어진 것 같이 내가 짊어지지 않더라도 세상은 충분히 시계추처럼 잘 돌아가고 있다. 태초부터 세상은 굳이 내가 아니었어도 잘 돌아가고 있었고, 앞으로도 잘 돌아갈 것이다. 그러니 너무 희생하려고 하지 말고, 희생하려거든 적당히 하자. 그렇지 않다면 나뿐만 아니라 주변 사람들도 힘들어지고 고통 속으로 빠지면서 점점 관계가 멀어질 것이다.

"모든 것을 내가 아니면 안 된다. 내가 아니면 할 수 없다는 생각을 버려라. 당장 내가 사라져도 이 세상은 잘 돌아간다."

- 빌 게이츠 -

# Day 7

# 타인과의
# 무의미한 비교는 그만

🌙 가끔 가뭄에 콩 나듯 보는 TV 프로그램이 있다. 케이블 방송 KBS joy에서 월요일 저녁에 방영되는 프로그램으로써 농구 운동선수 출신인 서장훈, 개그맨 출신 이수근이 나오는 무엇이든 물어 보살 프로그램이다.

보신 분들은 아시겠지만, 무속인 컨셉으로 나오는 두 연예인이 평소 고민했던 것을 가지고 있는 시청자들이 직접 방문을 하여 고민을 털어놓고 해결을 해나가는 프로그램이다. 무엇이든 물어 보살의 많은 사연을 접하면서 '사람 사는 것은 다를 바 없구나.' 하고 깨닫게 해준다. 남녀노소 불문하고 고민을 이야기하면서 공감대 형성도 된다. 그러다가 관심 있게 지켜본 내용이 있었다.

25살 여성분이 내담자로 나왔다. 그 여성분은 외모 집착이 너무 심해서 새벽에 일어나서 화장한다고 한다. 그런데 이 여성분은 한 시간 두 시간 정도가 아닌 무려 세 시간씩이나 화장한다고 한다. 완전 풀메이크업을 하는 수준이다. 더군다나 새벽 5시에 일어나서 화장을 3시간 정도는 하는 것은 그럴 수 있겠거니 생각하지만 잠을 새벽 1시~2시 사이에 자니 잠을 거의 못 잔 상태에서 화장하고 출근을 한다고 하였다. 그러니 일이 잘 될 리가 없고 늘 피곤을 달고 산다고 한다. 늦잠을 자서 너무 피곤하면 메이크업을 못 하고 출근하니 너무 불안해서 점심시간에 밥도 안 먹고 메이크업을 하고 민낯은 가족들에게만 보여 주고 시장에 갈 때도 늘 마스크와 모자를 착용한다고 한다.

방송을 보니 풀메이크업을 하는 이유가 있었다. 첫 번째로 어렸을 때부터 친척이나 지인분들께 언니랑 너무 비교를 당했다는 것이다. 언니는 이목구비가 뚜렷하고 예쁜 스타일인데 자기는 못났다는 등 어린 마음에 상처를 많이 받은 것이다.

두 번째로 10대 때 길에서 남학생 무리를 만나게 되었는데 처음 본 사이임에도 얼굴이 못생겼다고 대놓고 말을 하였고 심지어 노래로 지어서 불렀다고 한다. 어린 나이에 심각한 마음의 상처를 받은 것이다. 그런데 서장훈이 민낯을 보여 달라고 해서 방송상에서 공개하였다. 서장훈 말대로 쌩얼도 전혀 못난 얼굴이 아니고 쌩얼이 훨씬 나은 것 같았다. 오히려 화장한 얼굴보다 자연스러운 얼굴이 더욱 빛나 보였다. 그렇지만 25살 여성은 그렇게 생각하지 못한다는 것이다. 외모와 관련된 비하 발언을 많이 들으면서 자존감과 자존심이 낮아진 탓으로 더욱 메이크업에 집착하게 되었다고 한다. 이때 서장훈이 주옥같은 조언을 해주게 된다.

"나는 어렸을 때 부모님께서 많이 싸웠는데 서로 자기를 안 닮은 것 때문에 싸웠다. 보통 자기 자식이 웬만하면 예쁘다고 괜찮다고 하지 않느냐? 그리고 나는 모과라는 별명이 있었다. 모과가 못생긴 과일인데 이런 별명을 듣고 자라도 나는 너와 다른 점이 너는 이것이 콤플렉스가 되었지만 나는 인이 박혀서 이제는 전혀 아무렇지도 않다. 심지어 연대 농구부에서 나 빼고 다 잘난 잘생긴 얼굴이었지만 나는 못생겼기 때문에 더욱 주목받을 수 있었고 못생겼기 때문에 그 잘생긴 사람을 이기려면 실력으로 대결할 수밖에 없었다. 자신감이 있었기 때문에 아무것도 아니었다."라고 솔직하게 고백을 하였다.

사람들은 만족감을 모른다. 자신감이 떨어지는 것 같고 늘 남들과 비교하면서 괴로워하고 힘들어한다. 남들과 비교를 하면서 한없이 작아지는 것 같고 우울하고 마냥 쭈굴이가 되는 것 같다. 하지만 자기 자신을 사랑하는 마음이 있다고 한다면 작아지는 기분을 느끼거나 우울한 감정은 사라질 것이다.

나 또한 남들과 비교를 한 적이 많았다. 남들과 친구들에게는 있는데 나는 없는 것들, 가지지 못한 것들이 있었다. 그것 때문에 방황을 했지만 다행스럽게 스쳐 가는 바람처럼 별문제 없이 지나갔다. 그렇지만 나이를 먹으면서 깨달은 것이 있다. 그것은 바로 '다 부질없다. 비교는 영혼을 좀먹는 행위다.'라는 것이다.

남들의 시선을 의식하고 남들의 평가에 좌지우지되는 삶은 정말 비참한 삶이다. 의미가 전혀 없는 삶이다. 그러나 우리는 어렸을 때부터 늘 비교를 당하면서 살아왔다. "형은 공부를 잘하는데 너는 이게 뭐니? 형 반만 닮아봐라. 누굴 닮아 이 모양이니? 동생은 정말 착하고 모범생인데 형이 왜 그따위냐? 어휴 내가 못 살아 정말. 옆집 아이는 그렇게 공부도 잘하고 착실하고 착하다는데 너는 왜 그러니? 어휴 내가 정말 못살아." 어렸을 때부터 끊임없이 비교당하고 학교에서는 성적으로 대우를 받고 성적이 모든 것을 대변해주었다. 사회생활 및 직장생활에서는 일의 효율성과 능률성이 우선순위가 되었다. 효율성과 능률성이 뛰어난 사원들은 진급에서 큰 어려움이 없었다.

어렸을 때부터 각인되어 끊임없이 비교하는 습관, 비교를 통해 나의 가치를 짐작하진 않는가? 내 조건이 얼마나 괜찮은지를 따지면서 남들에게 대하는 경향이 지금도 여러분들에게 남아 있는가? 공부와 성적, 좋은 대학, 좋은 직장만이 인생의 성공 열쇠가 될 수 없다. 경제적으로 풍요로운 것도 결코 인생의 성공 열쇠는 될 수 없다.

부족하다고 해서 조금 낮다고 해서 우울해 하거나 슬퍼할 이유가 전혀 없다. 내가 생각하는 나의 기준에만 만족한다면 비교할 이유가 없고 덜 가져도 괜찮고 못생겨도 괜찮다. 타인들은 여러분들의 외모, 학력, 재산 등에 별 관심이 없다. 자기들도 먹고살기 바쁜 마당에 그렇게 큰 관심이 없다. 나 혼자 먹고살기도 바쁘고 힘든데 잠깐 관심을 가질 수는 있겠지만 어차피 내 것도 아닌데 절대적으로 의미 없는 일이다.

그런데도 끊임없이 남들과 비교해보면서 못난 것 같고, 부족한 것 같다는 생각이 들 수도 있다. 만약 그걸로 인해 괴롭거나 우울한 마음이 든다면 서장훈이 말한 것처럼 채우기 위해 노력을 하는 방법밖에 없다. 다행인 것은 내가 부족하다는 것을 알았기 때문에 채우려고 노력을 해야겠다는 것을 인지했다는 것이다. 그런 인지조차 못 하고 세상을 욕하고 타인과 끊임없이 비교하고 좌절감 패배감에 빠져서 산다는 것은 안타까운 일이다.

타인에게 휘둘리는 삶을 살지 말고 내가 휘두르는 삶을 살아야 한다. 나는 세상에 하나밖에 없는 멋진 사람이다. 내적 자신감을 가지길 바란다. 험난한 세상을 살아가는 데 있어 자신감 하나만 있다고 해도 큰 소득이고 재산이다.

> "모든 비교는 나쁜 것이다. 따라서 결코 사람들끼리 비교를 해서는 안 된다."
>
> — 세르반테스 —

# Day 8

# 마스터는
# 집념과 노력이다

🌙 생활의 달인이라는 TV 프로그램은 겉으로 보기에는 평범하고 주변에서 흔히 볼 수 있는 남녀들이 나온다. 이들은 평범한 사람들처럼 보이지만 수십 년간 한 분야에 종사하며 부단한 열정과 노력으로 달인의 경지에 이르게 된 사람들이다. 삶의 이야기와 현실감이 담겨 있는 생활의 달인을 보고 있노라면 입이 떡 하고 벌어지곤 한다.

우연히 TV를 돌리다가 생활의 달인을 보게 되었다. 그는 카펫 시공 달인이었다. '카펫 시공을 하는데 대체 왜 장인이 되었지?'라는 생각을 하다가도 '분명히 남들과 차별화가 되는 무언가가 있으니 방송에 나온 것이 아닐까?' 하는 생각을 머금고 방송에 집중하였다. 카펫 달인 38년 경력의 65세 남효장 달인이 출현하셨다. 30년이 넘는 세월 동안 카펫을 까는 작업을 하고 있었다. 생활의 달인에 나오는 출연자분들은 다양한 기술들이 있는데 남효장 달인은 니킥(Knee kick)이 기술이었다.

니킥은 무에타이나 킥복싱 기술 중의 하나로써 상대의 목이나 머리를 쥐어서 바닥을 보게 한 채 앞으로 나가듯이 무릎을 세게 뻗어서 치는 것을 뜻한다. 타격감이 매우 큰 기술 중 하나로 알려져 있다. 달인은 격투기 선수가 아닌 카펫 기술을 가진 분인데 무릎을 이용해서 카펫을 까는 작업을 한다고 한다. 그냥 무릎을 꿇고 카펫을 까는 것이 아니라 달인의 손에 들고 있는 도구를 이용해서 무릎으로 도구를 쳐서 카펫을 펴는 데 사용하였다. 카펫에 도구를 고정해 팡팡 쳐대면 다리미가 옷을 다려 쭈그러든 옷이 예쁘게 펴진 것처럼 쭈그러든 카펫 또한 매끈하게 펴졌다. 이렇게 하다 보니 당연히 달인의 무릎은 성한 날이 없다고 한다.

방송을 보는 내내 가슴을 졸이지 않을 수 없었다. '너무 아프지 않을까? 저러다 무릎이 파손되면 어쩌지? 저런 위험한 기술을 익히고 연마하는 데 엄청난 오랜 시간이 흘렀을 텐데. 저런 어마한 내공을 쌓기까지 얼마나 고통의 시간을 보냈을까?'라는 생각이 뇌리를 스쳤다. 다행인 것은 병원 진료와 검사결과 이상은 없었다. 남효장 달인의 건강과 행복을 기원해본다.


　일을 잘한다는 것이 일을 실수 없이 잘한다는 의미와 일을 뛰어나게 한다는 의미로 나뉜다. 마스터가 되려고 한다면 바로 당연히 후자의 부분이다. 즉 잘한다는 것은 어떠한 분야와 방면에서 일을 남들보다 월등하게 잘하는 것, 두각을 나타내는 것을 뜻한다.

　이렇게 잘하게 됨으로써 타인에게 인정을 받고 실력에 비례해서 경제적인 소득은 말할 것도 없다. 물론 세상에 공짜가 없으므로 실력을 인정받아 일이 많아지다 보면 개인적 시간은 줄겠지만, 마스터들의 기술로 인해 행복해지는 사람이 많아지니 보람찬 일이 아닐 수 없다.

　그렇다면 처음부터 이런 사람들이 마스터가 되었을까? 당연히 아니다. 절대로 세상에는 공짜는 없다. 남들보다 조금 잘하는 수준이 아닌 월등히 잘하는 정도의 경지에 오르려고 한다면 꾸준한 집념과 노력이 필요하다.

　한 가지 일에 매달려서 마음을 쏟다 보니 잘할 수밖에 없다. 다른 것을 쳐다볼 여력이 없다. 쳐다보고 싶다가도 이내 마음을 다잡게 된다. 마음을 쏟다 보면 실수를 할 때도 있고 넘어질 때도 있다. 그러면서 배우고 성장을 하게 된다. 결국은 긴 세월이 흘러 마스터의 경지에 이르게 된다. 남들과 비교할 수 없는 기술과 능력을 갖출 수 있게 된다.

그렇다면 마스터의 경지에 오르려면 어느 정도의 시간과 노력, 열정을 쏟아야 할까? 1933년 미국의 심리학자인 인더스 에릭슨이 논문에서 이렇게 주장을 하였다. "어떤 분야의 전문가가 되려면 최소한 1만 시간 정도의 훈련이 필요하다." 그는 세계적인 바이올린 연주자와 아마추어 연주자 간 실력 차이는 대부분 연주 시간에서 비롯된 것이며, 우수한 집단은 연습 시간이 1만 시간 이상이었다고 주장을 하였다. 이를 1만 시간의 법칙이라고 일컫는다. 1만 시간은 굉장한 시간이다. 1만 시간은 매일 3시간씩 훈련할 경우 약 10년, 하루 10시간씩 투자할 경우 3년이 걸린다.

사실 3년이라는 물리적인 수치는 그만큼의 일정한 시간과 노력을 요구하는 것이다. 기약 없는 그 이상의 시간이 더 걸린다고 하더라도 남들이 인정하는 실력과 자격을 갖추기 전까지 노력과 열정을 쏟아부어야 할 것이다.


진정한 성공을 원한다면 1만 시간의 법칙 외에도 장애물, 유혹과 핍박을 견디고 이겨내어야 한다. 때론 포기할 줄도 알아야 한다. 감히 생각건대, 남효장 달인도 이러했으리라. 남효장 달인뿐 아니라 성공을 맛본 사람들의 공통적인 특징들이다.

개천에서 용 나는 시대는 지났다고는 하지만 아직은 개천에서 용이 날 수 있다. 강남에서 공부한 아이들과 시골의 촌구석에서 공부하는 아이들의 시작점은 다르다. 현실적인 시각으로 봤을 때 강남의 아이들이 결국 승자독식의 구조로 가는 것 같다. 그럼 좋은 환경과 배경 속에서 촌구석의 아이들은 결국 승자가 될 수 없는 것일까? 뱁새가 황새 따라가려다 가랑이가 찢어진다는 말처럼 노력해도 못 쫓아가고 결국 강남 아이들만 승자가 된다면 세상은 너무 불공평하다. '현실성이 없는 무식한 소리 하네요.'라고 반문할 수 있겠지만 결국은 노력과 집념을 이길 수는 없다.

"저의 인생 철학은 자신의 삶을 스스로 책임질 뿐만 아니라 이 순간 최선을 다하면 다음 순간에 최고의 자리에 오를 수 있다는 것입니다."

– 오프라 윈프리 –

# Day 9

# 잦은 실수로 인해
# 자괴감이 든다면

🌙 영훈(가명)이라는 친한 동생이 있다. 점심을 두둑이 먹고 업무를 시작하려는 찰나 영훈이에게 전화가 왔다.

"영훈이니? 오랜만이다. 웬일이니?"

"형? 뜬금없지만 저랑 술 한잔할래요?" 이렇게 전화가 왔는데 의아했다. 평소 술을 좋아하지도 않았고 내가 먼저 한잔하자고 했으면 했지 술을 마시는 거로 먼저 전화 오는 놈이 아니었기 때문이었다.

'이놈 무슨 일이 있긴 있는가 보네?'

'대체 무슨 일이지?'

"그래, 그럼 오늘 마치고 한잔하자. 어디로 7시까지 나와라."

약속을 잡고 저녁 7시경 술집에서 만났다. 수작 속에서 여러 가지 이야기들이 오갔다. 간단한 안부부터 시작하여 가십성 이야기, 자동차, 재테크 다양한 주제 거리 등. 어느 정도 술이 거나하게 되면서 나에게 술 한잔을 따라 주면서 이렇게 이야기를 하였다.

"형 저 이직해야 할 것 같아요. 직장 일이 왜 이렇게 힘든지 모르겠어요."

"너 입사한 지 얼마나 됐지?"

"3년 정도 됐는데요. 일이 잘 늘지 않고 이로 인해 선임에게 깨지기 일쑤고 힘들어요."

"많이 힘들었겠네? 3년 정도 됐으면 신입 딱지는 뗐을 텐데. 일이 힘들어서 그만두고 싶은 거니?"

28에 대학교 졸업 이후 줄곧 공무원 공부만 하다가 32살에 처음으로 입사한 직장. 비록 중소기업이었지만 부모님께 손을 벌리지 않고 부모님께 호강시켜드리고 싶어 했다. 경제적 활동으로 사고 싶은 것, 하고 싶은 것을 하며 살리라 생각하며 나름 행복하게 살고 싶다는 꿈에 부푼 동생이었다. 그런데 3년 차에 접어들면서 좌절의 시기가 온 듯하였다.

진지하게 경청하면서 부족하지만 어쭙잖은 조언을 해주었다. 부족하고 어쭙잖은 조언이 영훈이에게 큰 힘이 되었고 마음을 울린 조언이 되었는지 현재 더 좋은 조건으로 이직을 하여 직장 생활을 잘하고 있다.

스스로 부끄러워하는 마음을 뜻하는 자괴감(自愧感)이라는 단어가 있다. 사람이 실수하게 되고 이로 인해 일이 잘 안 될 때 위축이 되고 자괴감이 든다.

'대체 나는 왜 이럴까? 좀 이제는 잘할 때도 됐는데? 왜 뭐가 문제일까?'

무언가를 하는 데 있어 성취감이 적거나 잘 안 되는 분들 혹은 직장생활을 하시면서 업무의 진전이 없는 분들은 자괴감이 들 수밖에 없다. 선임들과 후임들은 나에게 기대하는 바가 있고 신뢰하고 있을 것이다. 선임들과 후임들에게 실망감을 안겨 드리고 싶지 않고 부끄럽지 않게 행동하고 싶다. 노력은 하지만 내 맘대로 잘 안 되는 것 같다.

선임들에게 실망감을 점차 안겨 드리다가 결국은 선임도 폭발하게 되면서 심한 욕설을 듣고 비난을 받는다. 심한 경우 인격 모독도 당하게 된다. 이로 인해 스스로에 대한 신뢰가 무너지고 자존감도 저하되며 다른 사람들과의 관계도 흔들리게 된다. 신입이라는 시절이 어느 정도 지났기 때문에 부담감이 더 클 수밖에 없다.

친한 동생 영훈이도 이런 경우다. 입사 3년 차임에도 불구하고 부담감이 컸었다. 입사 연도가 늘수록 업무량은 늘어나고 이와 비례해서 책임감이 증폭된다. 노력은 하지만 생각 외로 성과가 두드러지게 나타나지 않는다. 어떻게 하면 자괴감을 없애거나 줄일 수 있을까?

첫 번째로 실수를 인정하고 두려워 말자. 신이 아닌 이상 누구나 실수는 할 수는 있다. 하지만 "방귀가 잦으면 똥을 싼다."라는 속담이 있다. 초반의 실수는 그러려니 할 수 있지만 잦은 실수라면 곤란한 법이다. 그 잦은 실수가 회사의 운명을 좌지우지할 수 있다. 실수가 잦다는 것은 그만큼 윗분들에게 일에 대해 무심하다는 인상을 가져다준다. 영훈이의 경우 3년차이기 때문에 이 시기가 위기다. 위기는 위대한 기회의 줄임말이다. 실수하면서 넘어지면서 거기에서도 배울 위대한 기회가 된다. 실수가 있다고 한다면 변명과 핑계 대신 자기의 잘못을 인정하고 간략한 메모 등을 통해서 자기를 철저하게 분석 및 반성을 해봐야 한다. 그래야 실수를 줄여나갈 수 있다. 실수를 절대로 두려워 말자.


두 번째로 비난받는 것에 대해서 두려워하지 말자. 베스트셀러이자 스테디셀러로 등극 된 책 중에 『미움받을 용기』라는 책이 있다. 『미움받을 용기』라는 책에 이런 글귀가 나온다.

"모든 고민은 인간관계에서 비롯된다. 타인에게 미움받을 것을 두려워하지 말라. 모든 것은 용기의 문제이다. 자유란 타인에게 미움을 받는 것."

'그러나 미움이라는 것에 용기를 얹는다는 것은 그 얼마나 멋진 일입니까? 그 얼마나 어려운 일입니까?'

행복해지려면 용기가 있어야 한다고 한다. 직장은 다양한 사람들이 모여 있는 조직이다. 다양한 사람들 속에서 다양한 생각을 하는 구성원들과 지내다 보면 실수 속에 비난과 미움을 받을 수 있다. 비난 속에서도 굳건히 용기를 내며 예민함을 버려야 한다. 예민하게 생각할수록 마음의 불안도는 점점 커져만 가고, 심한 경우 직장을 떠나고 다른 곳으로 이직을 하게 된다. 하지만 그 직장 역시 마찬가지로 사람이 사는 공간이다 보니 이전 직장과 다를 바가 없는 곳이다. 마음을 잘 다스려야 한다. 비난받는 것을 두려워 말고 용기를 내고 한 발자국씩 앞으로 내디뎌 보길 바란다.

마지막으로 잦은 실수로 선임들에게 비난과 힐책을 당한다면 이러한 마음가짐은 어떨까?

'오늘 하루만큼은 내가 선임들에게 절대로 욕을 먹거나 비난

받지 않을 것이다.'

일을 잘하고 못하고를 떠나서 일단은 욕만 먹지 않겠다. 비난만 받지 않겠다. 이러한 마음가짐을 가지고 전진을 해보길 바란다. 이런 마음가짐을 가지고 전진하다 보면 비난을 당하지 않고 힐책을 당하지 않기 위해 긴장할 수밖에 없다. 긴장의 끈을 놓지 않고 신경 쓸 수밖에 없고, 그러다 보면 조금씩 실수는 줄게 되고 당연히 업무를 잘하게 되면서 성취감이 높아진다.

자괴감을 없애거나 줄일 수 있는 세 가지 방법은 직장뿐 아니라 자영업, 개인 사업을 하시는 분들에게도 적용이 된다. 개인의 목표가 잘 이루어지지 않는 분들, 성취감이 약한 분들 또한 충분히 해당이 된다. 실수를 두려워하지 말고 실수로 인해 지인들, 타인들에게 욕을 먹거나 비난을 받아도 좌절하지 말길 바란다. 실수를 점점 줄여나가면서 다음번에 더 잘하면 되지 않는가? 산다는 건 참 힘든 것이다. 그렇지만 오늘도 내일도 인생 모든 전반에 여러분들의 삶에 항상 따뜻한 햇볕만 곁들기 바란다.

> "당신은 움츠리기보다 활짝 피어나도록 만들어진 존재입니다."
>
> – 오프라 윈프리 –

# Day 10

# 꿈을 이루는 데
# 닥치는 시련

🌙 나는 어렸을 때 막연하게나마 자동차 관련 연구원 혹은 개발자가 되고 싶었다. 자동차를 타면서 이곳저곳을 다닐 수 있고 여행도 다닐 수 있을 것을 생각하니 얼마나 신이 나던지. 힘들게 걷지 않아도 되고 핸들과 브레이크, 액셀러레이터만 밟아가면서 대한민국 방방곡곡을 돌아다닐 수 있으니 편리하지 않은가? 또 편안함과 기동력이 있어 시간을 단축해 줄 수도 있으니 자동차 개발은 나의 꿈 중 하나였다.

머리가 굵어질수록 현실과 타협할 수 있는 꿈으로 변화가 되었지만 그래도 마음 한편에는 자동차 관련 연구원이나 개발자의 꿈이 어렴풋이 남아 있었다. 현실과 타협하기 위한 꿈보단 원래 꿈꿨던 자동차 관련 그 꿈을 포기하려고 하니 너무 아쉬

웠다. 그래서 자동차 개발 연구 관련 학과보다 자동차 관련 학과를 가리라 마음을 먹었다.

나의 아버지는 국졸이다.[1] 배운 것이 없어 소위 말하는 노가다, 노동일만 하고 사셨다. 힘든 노동일을 하면서 무시를 당할 때도 많았고, 임금을 못 받고 떼인 적도 있었고, 갖은 고초를 당하면서 힘들게 사셨다. 하루는 술을 거나하게 취해서 집으로 돌아오셔서 이렇게 말씀을 하는 것이었다. 그때가 내가 대학수학능력시험을 치고 며칠이 지나고 난 이후였다.

"니 대학교 갈 때 법학과나 행정학과 가라! 우리 집안에 법조인이나 공무원이 하나 나왔으면 좋겠다. 아버지 힘들게 사는가 보이제?" 아버지는 무조건 법학과 또는 행정학과를 가길 원하셨다. 외동아들로 태어나 이때까지 부모님의 기대에 어긋나지 않게 순종하면서 살아왔는데, 너무 화가 났다.

"왜 아버지가 나한테 이래라저래라 합니까? 아버지가 뭔데요?"

"이때까지 아버지 어머니 시키는 대로 순종하면서 살았는데 학교까지 간섭입니까? 제가 하고 싶은 대로 할 건데요."

---

1_ 초등학교라는 이름으로 바뀐 것은 1996년 입학생부터이다. 이전 졸업생이나 입학생들은 국민학교라는 명칭을 사용하였다.

아버지랑 대판 싸우고 화가 난 아버지는 원서를 찢어버리고. 글로 표현하기 어려울 만큼 힘든 일이 있었지만 결국 아버지의 뜻대로 행정학과에 입학하게 되었다. 착한 사람 콤플렉스는 아니지만, 그냥 무의식중에 착한 사람은 복을 받는다고 생각이 깊숙이 자리 잡혀 있었다. 무엇보다 힘들게 사셨던 아버지를 실망하게 해드리고 싶지 않았다. 착한 아들이 되고 싶었다. 행정학과 재학 중에 공무원 시험 준비를 하면서 몇 점 차이로 떨어져도 보았다. 이로 인해 약간의 방황도 해보고 세상의 고뇌를 다 가진 사람처럼 살았지만, 결국 공무원의 꿈을 이루진 못하였다. 여차여차해서 현재 사회복지사로 근무하고 있다.

꿈을 못 이룬 사람들에는 꼭 한두 명의 방해자가 있다. 제일 큰 방해자가 부모님들이다. 반대하는 부모님들은 대부분 이렇게 이야기를 하신다.

"내가 옛날에 더 배운 것만 있었더라면, 내가 더 잘했더라면 지금 이렇게 안 살았을 건데."

"너라도 아빠(엄마)의 꿈을 이어받아서 대신해주면 안 되겠니?"

"아빠 엄마 틀린 소리 한한다. 다 너 잘되라고 하는 소리다. 아빠 엄마 말 들으면 자다가도 떡이 생길 텐데 왜 말을 안 들니?"

꿈에 있어서 동상이몽 하는 부모님들에게 진지하게 한번 여쭤보고 싶다.

"도대체 자녀의 미래를 언제까지 간섭하실 건가요? 언제까지 책임져 주실 거지요?"

"자녀의 미래를 왜 부모님들이 대신 꿈꿔주시나요?"

"자녀들이 부모님들의 꿈을 이루어주는 도구는 아니잖습니까?"

한편 배우자(가족들)나 지인들의 반대도 한몫하게 된다.

"여보, 제발 그 일 안 하면 안 되나요? 요즘 힘든 시기라는데"

"가족을 생각해서 제발 그렇게 하지 마세요. 잘못돼서 망하면 어쩌려고 그래요?"

"내가 봤을 때 너는 그냥 가만히 앉아 있는 게 돈 버는 거야. 쓸데없는 짓 하지 마."

"내가 너랑 10년 이상 봐와서 잘 아는데 너는 아마 못할 거야. 송충이는 솔잎만 먹고살아야지. 왜 힘들게 살려고 그러니?"

이런 소리를 들을 때마다 화가 나지 않는가? 열이 펄펄 나지 않는가? 아직 해보지도 않았는데 도전조차 안 했는데 벌써 김을 빼는 소리를 하다니 어이가 없다. 격려와 응원을 해줘도 시원찮을 마당에 이렇게 하다니. 물론 사랑하고 아끼니깐 이런 소리를 할 수도 있다. 관심이 없고, 사랑하지 않으면 이런 소리조차 하지 않고 무관심으로 대응하고 말 것이다.

꿈이 있고 최소한의 확신만 있다면 도전해보길 권하는 바이다. 100% 완벽하게 준비를 하고 시작하는 사람은 거의 없다. 완벽한 준비를 하고 시작을 하게 되면 타이밍이라는 것이 안 맞을 수도 있다. 실행 없이 준비만 하다 보면 최소한의 확신도 점점 옅어지면서 지인들과 가족의 말에 순응하는 자신을 발견할 수 있을 것이다.

'아, 그분들의 말이 맞겠네. 그렇게 그냥 어른들 말 잘 들어서 나쁠 것 있나? 가족들의 반대를 무릅쓰면서 힘들게 살 필요가 있을까? 편안하게 살자.'

꿈을 이루고 싶다면 주변의 반대를 무릅쓰고 한 번쯤은 귀를 막는 것이 필요하다. 자기의 중심을 잡고 시작을 해보는 것이다. 실패를 할까 겁이 날 수도 있다. 그렇지만 여러분은 겁쟁이가 아니다. 실패하면서도 거기서 배울 것이 있다. 꿈을 이루는 데 우리의 마음속에는 방해가 되는 두 마리의 개가 살고 있다고 한다. 바로 편견과 선입견이다. 편견과 선입견에 갇혀 절대로 꿈을 포기하지 말자. 포기하기에는 너무 아깝지 않은 세월이 아닌가?

그리고 부정적인 생각은 절대 금물이다. 부정적인 생각은 현재의 집중을 방해한다. 안 좋은 생각들이 꼬리에 꼬리를 물고 지금 내가 해야 할 일들에 대해 제대로 못 하게 된다. 부정적인 자아상 안에서 부정적인 생각이 계속 생기고 부정적인 생각이 계속 생기다 보니 자기를 끊임없이 괴롭히고 자책하게 된다. 결국, 자신의 행동을 위축시키면서 실패를 하게 되는 요인이 되고 만다. 대신 긍정적인 생각은 자신의 잠재능력을 키울 수 있고, 의욕을 불러일으킨다. 할 수 있다고 믿을 수 있게 만들어준다.

주변의 그 어떤 누구라도 본인들의 꿈과 희망을 비난하거나 탓할 자격은 아무도 없다. 자기의 믿음보다는 타인들의 말에 휘둘리고 편견과 선입견, 부정적인 생각에 따라 꿈이 포기된다면 참 슬픈 일이다. 타인들의 말에 휘둘리지 말고 부정적인 생각조차 하지도 말고 여러분들의 꿈과 희망이 꼭 성취되시길 바란다.

> "꿈을 계속 간직하고 있으면 반드시 실현할 때가 온다."
>
> ― 괴테 ―

## Day 11

# 열정을 가지고
# 초심을 잃지 말자

🌙 "처음에 사랑했던 그이는 씩씩한
남자였죠. 밤하늘에 별도 달도 따주마. 미더운 약속을 하더니!
이제는 달라졌어. 그이는 나보고 다 해 달래. 아기가 되어버린
내 사랑. 당신 정말 미워 죽겠네."

문주란 가수의 「남자는 여자를 귀찮게 해」라는 노래이다. 가
사에 나온 것처럼 연애 초반 남자는 처음에 여자에게 엄청나게
잘해준다. 연애 시절을 떠올려 보기를 바란다.


"오빠 들어가세요. 피곤하실 텐데. 안 바래다줘도 돼요."
"아니야 오빠 운전이 취미야. 안 피곤해. 괜찮아."
참고로 오빠 집과 여자 친구의 집은 왕복으로 두 시간이 너끈

히 걸리는 거리이다. 사랑하는 여자 친구를 위해서 피곤할 법
도 한데 집까지 무조건 바래다주려고 한다.

오빠가 여자 친구랑 대화하고 있다.

"오빠 말하다 보니깐 이가 두 개 빠진 것 같아요. 그거 왜 그
런 거예요?"

"(거들먹거리면서) 오빠가 재작년에 골목길을 가다가 깡패 10명
한테 둘러싸여서 여학생이 희롱을 당하고 있는 거야. 오빠가 그
런 꼴 못 보잖니. 그래서 10:1로 싸우다가 깡패한테 맞고 이가
빠졌어."

사실은 집에 가다가 넘어져서 이가 빠진 건데 거짓말을 하고
있다. 이렇게 연애 초기는 너무나도 달콤하다. 헤어진 지 한 시
간도 채 되지 않았는데도 또 보고 싶어 미칠 지경이다. 밤새도
록 전화통화를 하여 전화 요금이 평소보다 많이 나온다. 밤새
통화로 피곤할 법도 한데 출근을 하여도 전혀 피곤하지 않을뿐
더러 밥을 먹지 않고 밥을 적게 먹어도 전혀 배고프지 않으니
신기할 따름이다.

이런 신기한 현상들이 계속되면 좋으련만 그것은 여자 친구의
바람일 뿐이다. 어느 정도 관계가 무르익고 익숙해지고 편안해
진다.

"오빠 나 좀 집에 바래다주면 안 돼? 나 무섭단 말이야."

"미안한데 오빠가 저녁에 야근해서 말인데 너 혼자 가면 안 되냐?"

나중에 알고 봤더니 오빠가 저녁에 친구들이랑 선약이 되어 있어 선의의 거짓말을 한 것이었다. 연애 초기에는 어떠한 일이 있어도 늘 여자 친구가 우선이고 여자 친구를 배려하면서 위대한 거짓말까지 했는데 요즘은 이런 모습은 온데간데없고 오빠는 자기의 일을 우선시한다. 여자 친구는 괜히 삐치고 고민을 한다. '오빠가 변한 것 같아. 아, 슬프다!'

잔인한 현실이지만 남녀 사이에서 초심을 유지하고 안 변하는 사람이 어디 있을까? 물론 안 변하는 사람도 있긴 있겠지만 아마 거의 없지 않을까 싶은 생각이 든다. 남녀 관계뿐만 아니라 세상 모든 것들이 변하고 발전을 한다. 또는 제자리에 머물러 있기도 하고 심지어 퇴보되기도 한다. 남녀 관계, 세상 모든 만물이 변하는 것처럼 사람들의 마음도 이와 같은 것이 아닐까?

사람들은 '정말 잘해봐야지. 열심히 해봐야지.'라는 긍정적인 암시와 더불어 새해를 맞이하거나 새로운 일을 시작하게 된다. 그렇지만 초심을 유지하고 있는 사람이 얼마나 될까? 사람의 마음은 간사한지라 그 일의 이익 여부에 따라 초심이 변화된다.

"이 한 몸 불 싸질러서 귀사의 발전에 최선을 다하겠습니다."
면접생들이 면접관에게 흔히 하는 단골 멘트이다. 합격하고 난
이후 회사에 입사하여 입사 초기 열정을 다해서 일한다. 야근
을 밥 먹듯이 해도 선임에게 갈굼을 당해도 그러려니 하면서
열심히 일을 한다. 하지만 익숙해지면 일이 몸에 익으면 초심을
잃게 되고 열정이 식게 된다.

'그냥 적당히 하지 뭐. 내가 머 열심히 한다고 해서 회사에서
알아주는 것도 아니고. 내 몸만 힘들고 피곤한데. 그리고 너무
지루해. 재미나는 일 좀 없을까?'

익숙해지니 많은 사람이 점점 변하게 된다. 나태해지게 된다.
오랫동안 변화나 새로움을 꾀하지 않아 나태하게 굳어지게 되
는 것을 관성화라고 한다. 익숙해지고 편해지면 관성화라는 나
쁜 성질이 발생한다. 초심을 잃게 되고 열정이 식어버린다.

누구나 초심을 잃지 않고 열정을 유지하고 싶어 한다. 회사를
위해서, 어떠한 일에서 이 한 몸 불 싸지르고 싶어 한다. 그런
데 희한하게도 어렵다. 이러한 초심, 열정을 유지할 방법이 없
을까?

방송인이자 요리가, 사업가로 종횡무진 활약하고 있는 백종
원이 나왔던 「백종원의 골목 식당」이라는 프로그램을 기억하는

가? 백종원의 골목 식당은 망해가는 식당에 백종원이 직접 가서 컨설팅하고 이후 변화된 모습을 사실적으로 방영해주는 프로그램이다.

백종원은 연예인 못지않게 몸이 열 개라도 모자를 정도로 굉장히 바쁜 사람이다. 공인으로서 당연하지만, 그 흔한 스캔들과 특별히 입방아에 오른 적이 없을 만큼 자기관리에 철저한 자기관리의 끝판왕 같은 면모를 보인다. 하고 싶은 말 시원하게 뱉어내고 국회에 나가서 자기 소신대로 이야기하였지만 크게 인기가 떨어지거나 나빠졌다는 말을 들어본 적이 없다. 안티도 물론 있겠지만 그렇게 많지는 않은 것 같다.

「백종원의 골목 식당」 방송에 나와서 백종원이 이렇게 이야기를 하였다.

"귀찮고 궂은일도 꾸준히 하는 것이 바로 초심이다."


뜨거운 열정을 가지고 초심을 잃지 않고 살아가는 법은 현재 있는 자리에서 최선을 다해 꾸준히 하는 것이다. 그리고 변화가 생기게 하려면 생각한 것을 마음가짐으로 행동으로 옮겨야 하는 법. 열매를 맺게 하기 위해서는 씨를 뿌리는 행동이 수반되어야 한다.

연애 초반의 설레는 감정을 안고 계속 뜨거운 연애를 지속하는 방법 또한 파트너에게 최선을 다해 사랑해주고 이해해 주는 것이다. 인간관계 혹은 많은 일에 초심을 잃지 않는 것 또한 현재 이 자리에서 최선을 다해 꾸준히 하는 것이다. 평범함 속에 진리가 나오고 비범함이 나온다. 그러다 보면 좋은 열매가 맺힐 것이고 좋은 곡식을 거두어 드릴 수 있다. 귀찮고 궂은일이지만 초심을 잃지 말았으면 한다. 그냥 대충 살아도 문제는 되지 않지만 한 번뿐인 인생 멋지게 살아보고 싶지 않은가? 뜨거운 열정으로 초심을 잃지 않고 살아가길 바란다.

"험한 언덕을 오르기 위해 처음에는 천천히 걷는 것이 필요하다."

— 셰익스피어 —

# Day 12

# 장기간 흥행하는 삶을
# 살고 싶다면

"지겨운가요. 힘겨운가요. 숨이 턱까지 찼나요.

할 수 없죠. 어차피 시작해 버린 것을

쏟아지는 햇살 속에 입이 바싹 말라와도

할 수 없죠. 창피하게 멈춰 설 순 없으니

단 한 가지 약속은 틀림없이 끝이 있다는 것

끝난 뒤에 지겨울 만큼 오랫동안 쉴 수 있다는 것."

2002년에 나왔던 한때 시대를 풍미했던 걸그룹 SES의 달리
기라는 노래이다. 우연히 들었던 이 노래가 힘든 공무원 수험생
활에서 나의 마음을 울렸다. 힘든 나에게 주는 메시지이자 큰
위로가 되는 노래였다. "틀림없이 끝이 있다고 하는데. 끝난 뒤
에는 쉴 수 있다고 하는데. 그래 힘내자. 넌 할 수 있어. 할 수
있을 거야."

노래 덕분에, 힘들었지만 공부에 집중할 수 있었다. 최선을 다했지만 결국은 불합격을 맛볼 수밖에 없었다. 몇 번의 도전을 하였고 끝내 꿈을 이루지는 못하였다. 그렇지만 3년의 수험생활 동안 최선을 다했기에 후회는 없다. 만약에 두 번 다시 공무원 수험생의 생활을 하라고 하면 못할 것 같다. 수험생의 생활을 해보신 분들은 아실 것이다. 대학 수능 시험을 앞둔 고3 학생들 못지않게 간절함과 자기관리, 절제가 필요한 부분이라 너무나 고난의 길을 가게 된다.

나는 사람을 만나서 대화하는 것을 좋아한다. 수많은 사람을 만나면서 이런저런 대화를 나누곤 하였다. 이런저런 대화를 나누다 보니 고민을 들을 수 있었다. 숱한 고민 속에서 눈에 띄는 고민이 바로 꾸준함이 없다, 진득함이 없다는 점이었다. 꾸준하게 진득하게 하고 싶은데 그것이 잘 안 된다고 하였다. 잘하는 것은 둘째 치더라도 꾸준하게라도 하고 싶다는 것이었다. 관심사가 많아서 이것저것 손대다 보니 꾸준함과 진득함은 사라지고 즉흥적이고 대박 날 것만 찾게 되고 자기만의 줏대는 없이 남들이 하니깐 좋다고 하니깐 검증이나 생각 없이 막 저지른다고 한다.

회사생활에서 염증을 느끼고 사람들과의 관계 속에서 갈등이 있다 보니 바로 퇴사를 한다. '나의 일을 하고 말겠다. 두고 봐.

내가 꼭 잘되고 말 테니깐.' 고민의 흔적도 없이 감정적으로 먼저 지르고 뒤에 수습하니 가족들이나 친척들과의 갈등이 생긴다. 주변에서 이런 사례를 종종 볼 수 있었다. 저지른 일이 잘되면 갈등이 없겠지만, 결과적으로 좋은 결과물이 없고 이런 나 자신이 미워 죽겠다고 하면서 눈물을 글썽이는 것을 보았다.

꾸준히 하는 것이 참 어려운 법이다. 세상에 수많은 일이 있다. 직업적인 일뿐만 아니라 취미활동 혹은 연습은 본인들이 원해서 하는 것들이다. 그것을 해야겠다고 마음을 먹고 시작한 활동들이다. 일례로 연초가 되면 남성분들의 경우 금연을 해야겠다고 결심하고 여성분들의 경우는 다이어트를 결심한다. 누가 시킨 것이 아닌 스스로 결심을 한 것이다. 그렇게 하겠다고 마음을 먹은 것이다. 문제는 그 마음들이 오래가지 못한다는 것이다.

무언가를 놓지 않고 꾸준하게 한다는 것은 생존하게 되는 원동력이 된다. 하지만 모든 것을 포기해버리고 지레짐작으로 겁을 먹고 도전조차 하지 않는다는 것은 안타까운 일이다. 도전조차도 하지 않는다는 것은 삶에 대한 배신이다. 그렇지만 누구나 도전을 할 수는 있지만 한 우물만 판다는 말처럼 끈기가 있다는 것은 보통의 인내로써는 어려운 법이다. 사람들은 여러 가지 이유로 무언가를 하다가 그만둔다. 앞서 퇴사한 지인의 사례처럼 이성이 아닌 감정에 치우치다 보니 홧김에 혹은 기분 탓에 뭘 하다가 그만두는 예도 있다. 기분이 태도가 된다는 것은 너무 섣부른 행동이다.

때로는 끝이 보이지 않아서 답답하고 바보처럼 보일 수도 있다. 주변에서 조롱, 비난하기도 할 것이다. '너 잘할 수 있다며? 언제 끝나냐? 끝이 있긴 하냐? 네가 잘되면 내 손에 장을 지진다.'

하지만 우직하게 진득하게 도전을 하다 보면 작지만 미묘한 성과라도 보이지 않을까? 그 과정이 너무 지루하고 힘들더라도 포기하고 싶은 마음이 간절하더라도 SES 달리기 노래처럼 끝판에는 쉴 수 있으니깐 해봄 직하다. 설령 결과가 실패이고 좋지 않게 끝나더라도 그 과정에서 배우고 익힌 것은 여러분들에게 좋은 자양분으로 남아 있을 것이다.

장기간 흥행하는 삶을 살고 싶다고 한다면 별것 없다. 그냥 현실에 맞게 바보처럼 보이더라도 꾸준하게 진득하게 하는 것이다. 이것이 진리이다. 원래 진리는 평범한 법이다.

> "세상에서 가장 중요한 일들 대부분은 아무도 도와주지 않을 때도 계속 노력한 사람들에 의해 이뤄졌다."
>
> — 데일 카네기 —

# Day 13

# 삶이 바뀌는
# 루틴화

🌙 아주 옛날, 세계를 제패하고 거칠 것이 없던 대왕이 있었다. 세상의 부러울 것이 전혀 없는 왕이다 보니 대부분 사람이 왕을 찾아와서 문안 인사를 드리고 갔다. 그러나 철학자 한 사람만이 문안 인사를 오지 않는 것이었다.

세상 사람들은 자기를 존경하면서 인사를 하는데 철학자 한 명만이 그렇게 하는 것을 보고 은근히 자존심이 상하고 화가 난 대왕은 그를 데려오라고 하였다. 하지만 그는 끝내 대왕 앞에 나타나지 않았다. 대체 이게 무슨 영문인가 싶어 대왕이 직접 그를 찾아갔다. 보잘것없고 아무것도 가진 것이 없는 그에게 말했다. "당신이 갖고 싶은 것이 있으면 뭐든지 말해 보시오. 내가 다 이루어 드리리다." 그러자 그가 말했다.

"대왕님이 저를 친히 찾아오시다니 영광입니다. 가지고 싶은 것은 없지만 딱 한 가지 청이 있다면, 대왕께서 그 자리에서 비켜주시는 것입니다. 대왕께서 거기에 서서 계시니 그늘이 집니다. 나에게는 지금 저 햇볕이 제일 중요할 뿐입니다."

그 대왕은 바로 알렉산드로스 대왕이었고 그 철학자는 디오게네스였다. 디오게네스가 우리에게 말하려고 했던 것은 우리들의 평범한 일상이 아니었을까?

루틴의 의미를 사전에서 찾아보면 이렇게 나온다.

루틴 1: (정보·통신) 특정한 작업을 실행하기 위한 일련의 명령. 프로그램의 일부 혹은 전부를 이를 때 쓴다.

루틴 2: (명사 체육) 운동선수들이 최고의 운동 수행 능력을 발휘하기 위하여 습관적으로 하는 동작이나 절차.

우리가 흔히 이야기하는 루틴은 바로 두 번째 습관적으로 하는 동작이나 절차를 의미한다. 철학자 디오게네스의 사소하지만 소확행 같은 햇볕을 쐬는 것 이것이 삶의 루틴인 셈이다. 배우 하정우는 영화배우이면서 영화감독이다. 같은 남자가 보기에도 매력적일 만큼 미남이고 짐승남 같은 이미지의 하정우 배우는 아무리 바쁜 일정에도 1주일에 1권의 책을 읽고, 매일 3만 보 이상을 걸어 다닌다고 한다. 심지어 1주일에 한 번은 함께 걸어 다니는 동료들과 서로가 읽은 책에 대해 감상을 자유롭게 공유하는 독서 모임도 한다고 한다.

이 사실을 알고 난 이후 신선한 충격으로 다가왔다. 꾸준하게 루틴화하는 생활이 쉽지 않을 테고 더군다나 바쁜 연예인인데 이렇게 지키다니! 걷기와 읽기가 배우 하정우가 가진 일종의 루틴이었던 것이다.

하정우의 루틴을 알게 되면서 나는 잠시 생각에 잠겨보았다.

'나는 그동안 얼마나 나만의 루틴이 있었고 얼마나 잘 지키고 살아왔는가?'

'바쁘다는 핑계로 내 삶을 타인의 목표나 기준에만 맞추며 살아오지 않았는가?'


루틴의 가장 큰 장점은 바로 삶의 불안도가 낮아진다는 것이다. 정형화된 생활로 인해서 미래를 예측할 수 있고, 앞으로 상황이 더 나아질 수 있는 확률이 대폭 높아진다. 그리고 루틴화가 반복이 되면 익숙해진 생활로 인해 쓸데없는 고민을 하는 데 정신력을 낭비하지 않을 수 있다. 결정하는 것에 있어 어려움을 가지신 분들 루틴화를 추천한다. 그리고 우리가 해야 할 일들에 대해서 집중을 하고 하는 일을 발전하는 것에 대해서 시간을 쏟다 보면 삶이 나아질 수 있다는 것, 이것이 바로 루틴화의 장점이다.

물론 루틴화의 단점도 있다. 루틴이 깨어지면 정형화된 생활이 깨어지는 것이다 보니 무너지는 듯한 느낌을 받으며 그것을 회복하기가 쉽지 않다는 것이다. 하루 이틀 정도 깨어진 것은 문제가 될 것은 아니지만, 장기간의 루틴의 깨짐은 크나큰 단점으로 다가온다. 그래서 예전의 루틴화를 하려고 하면 적응의 기간이 꽤 걸리게 된다.

사람들은 누구나 자신만의 목표와 계획이 있다. 다른 사람의 목표나 기준이 아닌 나만의 기준과 목표가 있다. 목표달성은 자신이 세운 계획을 얼마나 꾸준히 실천하느냐가 문제이다. 루틴은 그 꾸준함을 지켜주는 힘이다. 얼마나 지속적이고 단단한 루틴을 갖추었느냐가 목표 달성 여부를 판단할 수 있는 척도가 된다. 그래서 루틴화를 하다 보면 때로는 지루할 수도 있고, 이것이 맞나 싶은 회의감도 생긴다. 하지만 복잡한 인생 속에서 간단한 것이 가장 해답일 때도 있다. 다른 사람이 토끼처럼 뛰고 치타처럼 달리는 모습을 보면서 한숨을 내쉬지 말자. 본인이 거북이처럼 느껴지더라도 비교보단 본인의 페이스에 맞게 루틴화를 한번 만들어보자. 한편 삶이 바쁠수록 여유가 없기 때문에 루틴화는 더욱 필요하다. 바빠서 오히려 더 놓치고 실수할 확률이 높아짐으로 늘 반복되는 일상은 여유를 가져다 준다.

여러분들의 루틴은 무엇인가? 배우 하정우는 매일 걷고, 독서 모임을 한다고 하는데 여러분들도 나름대로 루틴화를 계획해서 더욱 탄탄하게 꾸준하게 이어져 삶이 더욱 안정화되면서 삶이 조금씩 바뀌는 것을 경험해 보길 바란다.

"영원히 살 것처럼 꿈꾸고, 오늘 죽을 것처럼 살아라."

– 제임스 딘 –

# Day 14

# 살아가는 것이
# 힘들 때

🌙 그녀는 1965년 영국의 시골 마을에서 태어났다. 어린 시절 그녀는 다른 아이들처럼 평범한 소녀였다. 성인이 된 후로는 포르투갈로 건너가 그곳에서 영어 교사로 일을 하였고 포르투갈에서 남편을 만나 첫아이를 얻으며 행복한 생활을 이어가는 것 같았다.

그런데 인생은 늘 고비가 있다. 좋은 일만 있는 것이 아니다. 가정의 불화로 결국 이혼하게 되었고 딸과 함께 영국으로 돌아왔다. 이때부터 그녀의 본격적인 고난이 시작되었다. 제대로 된 수입이 없어서 국가의 보조금으로 입에 풀칠할 정도로 겨우 먹고살았다.

변변찮은 가구도 마련하지 못해 여동생에게 빌리기도 했고,

차디찬 마룻바닥에서 지내야 하였다. 게다가 딸에게 줄 분유가 부족해 맹물로만 버티는 날도 있었다고 하니 얼마나 힘든 삶인 가? 그녀는 얼마나 절망스럽고 힘들었을까?

이혼한 것조차도 힘든데 수급자의 형편으로써, 어른은 조금 덜먹고 견딘다고 하더라도 어린 자녀에게조차 분유가 부족해서 돈이 없어서 못 먹인다니 가슴이 찢어질 일이었다. 하늘이 노래지고 하늘이 원망스러울 것이다. 여러분들은 이런 상황에 부닥치면 어떤 생각이 들까? 그렇게 절망스러운 나날을 보내던 어느 날, 갑자기 그녀는 이런 생각이 뇌리를 스쳤다.

'이렇게 내 인생을 끝낼 수만은 없어! 힘을 내보자. 할 수 있다.'

그 순간, 잊고 있던 꿈과 어린 시절 가슴에 품고 있었던 불씨 가 살아나서 그녀는 런던 뒷골목 허름하고 낡은 카페에 앉아 글을 쓰기 시작하였다. 엄청 많은 양의 방대한 원고를 복사할 비용이 없어 구식 타자기로 여러 차례 반복해 썼다. 창작의 고통과 배고픔을 참아가면서 타자를 치는 고통은 이루어 말할 수 없었다. 현재 상황과 형편조차도 힘이 들었지만 꿈이 있었기 때문에 힘들지 않았다. 이런 갖은 고난과 역경 속에서도 그녀는 드디어 대작을 창작하게 이르렀다.

그 작품은 바로 유명한 『해리 포터와 마법사의 돌』이다. 그녀

는 바로 『해리 포터와 마법사의 돌』 책을 쓴 조앤 K 롤링 작가
이다. 『해리 포터와 마법사의 돌』은 출간 즉시 베스트셀러가 되
었으며, 세계 최우수 아동도서로 선정이 되었으며, 55개국 언어
로 번역되어 4억 부 이상 팔리는 출판 사상 유례없는 대성공을
거두었고 영화로도 만들어졌다. 조앤 K. 롤링이 이렇게 이야기
를 했다고 한다.

"인생의 실패 앞에서 오히려 자유로워졌습니다. 가장 밑바닥
의 인생을 새로 세울 수 있는 단단한 기반이 되었습니다."


조금 오래된 일이긴 하지만 과거 복지관에서 근무할 때 어르
신들이 하신 말씀이 있다.

"늙으면 죽어야지. 더 살아서 뭐하누?"

가슴이 아팠고 마음이 미어져 왔다. 나이가 드니 이제는 삶의
희망이 없고 아프니깐 그냥 죽음을 무덤덤하게 받아들이는 모
습을 보이셨다. 어르신들께 기쁨을 드리고 싶었지만, 딱히 내가
할 수 있는 것은 없었다. 내가 할 수 있는 것이라곤 세월의 흐
름 속에 갖은 고생의 흔적이 남아 있는 쭈글쭈글한 손 한번 잡
아드리면서 "어르신 힘내세요."라는 진심 어린 말 고작 한마디
였다.

주변에도 "마지못해 죽지 못해 살아요. 지금도 삶이 힘들어

요." 그런 분들이 계신다. 개개인이 처한 힘든 상황에 대해 들어보면서 '에이, 별거 아닌데 그래요?'라고 말을 할 수도 있지만 기쁨과 즐거움도 상대적이듯이 고난과 고통은 상대적이라 비교 불가다. 어떤 사람은 별것 아닌 것처럼 느껴지지만 어떤 사람에게는 죽을 만큼 힘든 일이다. 이는 각자의 처한 상황이 다들 다르기 때문이라. 오히려 위로와 따뜻한 격려가 필요하다. 힘이 들 때 따뜻하게 손 한번 잡아주는 것 그리 힘든 일이 아니다.

사는 것이 힘들다고 느껴질 때가 있다. 반드시 찾아온다. 혼자에게만 이러한 시련이 닥친 것처럼 느껴진다. 그래서 세상이 더 야속한 것 같지만 생각을 해보면 시련 속에서 더욱 단단해진다. 비가 온 뒤에 땅이 굳어지고 비가 오고 난 이후 알록달록 일곱 색깔의 무지개를 볼 수 있다. 지금의 고통의 시간을 이겨내고 나면 훗날 웃으면서 내가 왜 그랬지? 라는 말을 내뱉을 것이다. 조앤 K. 롤링 작가 또한 이러했으리라.

가슴에 저마다 다양한 사연과 고통을 안고 살아가지만 느리고 빠르고의 차이지 결국 다 극복하게 되어 있다. 현재 상황이 아무리 어렵고 힘들더라도 당장 시련과 고통이 바뀌거나 달라지는 것은 없다. 결국, 본인이 애쓰고 힘쓰지 않으면 상황은 절대로 바뀔 수 없다. 마음이 힘들어 그 상황을 잊어보고자 술을 마신다고 해도 일시적인 감정과 쾌락일 뿐이다. 오히려 더 차분히 그 문제의 본질을 보면서 엉켜진 실타래를 풀듯이 하나하나 풀다 보면 실타래같이 엉킨 문제들이 서서히 풀릴 것이다. 여러분들은 이러한 시련을 잘 이겨왔고 잘 이겨낼 힘이 있다. 자기 자신을 믿길 바란다. 주변의 일시적인 도움, 따뜻한 말 한마디가 위로는 되겠지만 결국 결자해지(結者解之)임을 기억하자.

"세상은 고난으로 가득하지만, 고난의 극복으로도 가득하다."

— 헬렌 켈러 —

## Day 15

# 핑계로 성공한 사람은
# 김건모밖에 없다

🌙 수많은 사람은 나를 포함하여 새해에 많은 계획을 세운다. 많은 계획이 있겠지만 제일 많이 세우는 계획 중 하나가 여성분들의 경우 다이어트, 남성들의 경우는 몸만들기가 아닐까 싶다.

여성분들은 "다이어트 할 거야. 살 꼭 빼서 연애도 하고 인생 멋지게 살아야지. 그런데 다이어트는 내일부터. 오늘은 일단 먹고 보자. 인생 뭐 있나. 즐겁게 사는 거지 뭐." 이렇게 입으로만 다이어트를 한 경험들이 있는 여성분들 있을 것이다.

남성분들은 "몸 만들 거야. 근육질 몸매와 빨래판 복근을 반드시 가지고 말 테다. 몸도 맘도 건강하게 헬스장 열혈 회원이 될 거야. 그런데 쉽지 않네. 오늘은 일단 쉬고 내일부터 다시 달려보자." 이렇게 생각하시고 행동하는 분들 계시지 않는가?

여러 가지 위대한 결심들, 이런 결심, 저런 결심을 한다. 위대한 결심을 하지만 그 결심들을 이루기 위해선 뼈를 깎는 노력을 해야 한다. 그렇지만 결심은 오래가지 못한다. 여러분들의 결심은 얼마나 오래갔는가? 이 책을 읽고 있는 지금도 계속 유지하고 있는가?

왜 오래가지 못할까? 자기합리화라는 단어가 있다. 자기합리화란 죄책감 또는 자책감에서 벗어나기 위해서 그럴듯한 이유를 들어서 자신의 견해를 정당화시키는 것을 의미한다. 예를 들어보도록 하겠다. 올해부터 독서를 어느 정도 해야지 하고 마음을 먹었다. 그런데 막상 해보니 쉽지 않다. 물론 핑계를 대자면 한도 끝도 없지만 여러 가지 바쁜 일들이 있다. 직장인 혹은 학생, 가정주부 등 각자의 과업이 주어지고 그 과업을 해야 한다. 자연스레 바빠지면서 독서를 소홀히 하게 된다.

'아 독서를 하기로 마음을 먹었는데 책 읽어야 하는데 쉽지 않네.'

자신에게 한 약속이고 결심인데 지키지 못하니 자책을 하면서 괴로워한다. 완벽주의의 성향이 있는 사람은 더 그럴 것이다. 하지만 결심을 반복만 하는 프로결심러들은 순간 이런 생각을 하게 된다.

'내가 직장인인데 바쁜데 독서가 밥 먹여 주는 것도 아니고, 독서 그거 안 한다고 어떻게 되는 것도 아니고, 그냥 다음 주부터 하지 뭐. 시간 날 때 읽지 뭐.'

자기 스스로 면피를 하고 독서를 회피하려고 한다. 교묘하게 빠져나가고 자기 스스로 괜찮다고 위안으로 삼는다. 나는 바쁘니깐 읽을 시간이 없으니깐 괜찮다고 자기 합리화한다. 그렇지만 조금만 바꿔 생각해보면 얼마든지 환경을 구축할 수 있다. 책을 읽을 환경이 되지 않는다면 만들면 된다. 직장을 다니면서 독서를 생활화하는 사람들의 경우에 직장에서 점심 식후 독서를 한다. 20~30분 여유 시간 동안 책을 읽는다. 아침에 일찍 일어나서 20~30분 정도 독서를 한다. 이렇게 해도 하루에 1시간 정도는 충분히 책을 읽을 수 있는 환경이 주어진다. 즉 스스로 시간을 통제할 수 있고 지배할 수 있는 것인데 시간이 없다고 핑계를 대고 자기합리화하는 것이다.

본인이 처한 상황이 너무나 다양하지만, 타인들은 본인들의 상황을 모른다. 그래서 자기합리화로 인한 행동의 부재에 따른 비난을 한다.

"네가 하는 게 그렇지 뭐. 너는 늘 이런 식이더라. 차라리 말을 말지. 넌 말과 행동이 다른 사람이야. 한심하다 정말."

이런 상황들은 오직 본인들만 알 수 있다. 그러므로 본인들의 행동을 직접 조절해야만 한다. 하고 싶은 것들은 많지만 이루지 못하고 있고, 시도하지 못하고 있다 보니 타인들의 비난과 조롱을 듣기 싫어 다양한 핑곗거리와 자기합리화를 하게 된다.

1992년 대한민국 가요시장에 가수답지 않은 외모로 별명이 연탄이라고 불릴 만큼 얼굴이 시커먼 남자가수가 등장하게 된다. 외모는 별로지만 월등한 가창력을 앞세워 꽤 유명한 곡을 많이 불렀다. 「서울의 달」, 「미안해요」, 「잠 못 드는 밤 비는 내리고」, 「잘못된 만남」 등. 그중에서도 「핑계」라는 노래가 있다.

핑계라는 노래는 대한민국 가요계 유일한 그랜드슬램을 달성한 곡이다. 94년 한국에 있던 음악상이란 음악상은 모조리 수상하였다. 이 노래로 그 남자에게 다섯 개의 대상과 2번째 골든컵을 안겨 주었으며, 순식간에 그를 국민 가수 반열에 올려놓았다.

이 노래가 없었다면 지금의 그도 없었을 것이다. 그는 바로 가수 김건모이다. 핑계라는 노래로 성공을 거둔 셈이다. 그렇지만 핑계로 성공한 사람은 가수 김건모밖에 없다. 성공까지는 아니지만 잘 해보고 싶고 무언가를 성취하고 싶다면 자기 합리화하지 말고 핑계 대지 말길 바란다.

흔한 핑계 중 하나가 "시간이 없어서 못 해." 이것이다. 누구나 공평하게 주어지는 24시간, 성공자들은 그 시간을 잘 다스렸다. 자본이 없어서 못 한다고 한다. 효율적인 지출관리를 통해서 스스로 재무관리를 하여 꿈을 이루기 위한 최소한의 비용을 마련하는 방법이 있을 것이다. 돈이 없어서 못 한다는 것은 철저한 핑계인 것이다. 지출관리가 잘 안 된다면 신용도의 여부에 따라 금융권의 대출도 생각해봄 직하다. 방법은 있지만, 본인이 몰라서 못 한 것이고 안 하고 있다. 따라서 결과가 좋지 않아 타인들의 시선을 의식하고 부끄럽다 보니 결국 핑계를 댄다.

나이가 많아서 못한다고 한다. 물론 어떠한 일을 하는 데 있어 시의적절한 시기라는 것은 존재한다. 하지만 자기가 가두어 놓은 나이, 스스로 판단하여 잣대를 대다 보니 그리고 사회적 알람에 의해 위축이 되다 보니 못한 것이고 안 한 것이다. 셀트리온의 서정진 회장은 42세라는 늦은 나이에 창업하였다.

강력한 심상화를 통해서 꿈은 이루어졌다고 성공한 그 모습을 상상하길 바란다. 눈을 감고 이미 이루었다고 강력하게 믿길 바란다. 순수한 어린아이들처럼 그냥 강력하게 꿈을 꾸고 믿음으로써 몸이 반응한다.

확언 또한 좋은 방법이다. '이렇게 될 것이다. 될 것 같다.'가 아니라 '이거다. 벌써 됐다. 끝났다.' 이렇게 스스로 다짐을 해보고 외쳐보는 것이다. 네트워크 마케팅 혹은 보험영업, 자동차 영업 등 영업 관련 일을 하는 곳에서 아침마다 확언하는 이유가 있다. 바로 강력하게 확언을 함으로써 몸이 반응하게 하는 것이다.

인생은 단 한 번뿐이다. 그래서 일생이라고 한다. 한 번밖에 살 수 없는 인생길에서 순간순간 신중하게 결정하고 행동을 해야 한다. 하고 싶은 일에는 방법이 보이고 하기 싫은 일에는 핑곗거리가 보이는 법이다. 좋은 말과 좋은 생각을 하면서 그럴듯한 변명거리와 핑곗거리를 찾지 마시고 여러분들 자신을 믿고 자신감을 가지고 목표를 이루길 기원한다. 핑계로 꿈과 목표를 포기하는 일이 없었으면 좋겠다.

> "실패하는 사람은 실패를 끝으로 도전을 포기할 핑계를 찾고, 성공하는 사람은 실패를 통해 배우며 성공할 때까지 도전한다."
>
> — 헨리 포드 —

# Day 16

# 때론
# 삶의 쉼표도 필요하다

🌙 나에게는 2012년식 투산 ix 경유 차량이 있다. 결혼함과 동시에 구매하였는데 이놈이랑 나랑 함께 늙어가고 있는 처지이다. 출퇴근할 때, 행사 진행 및 강연하러 갈 때, 기타 여러 가지 일을 할 때 함께해준 고마운 놈이다. 하지만 사람이든, 동물이든, 어떤 물건이든 세월의 흔적을 거스를 수는 없는 법이다. 함께 늙어가는 처지에 나의 차량도 예외일 순 없었다.

세월이 점점 흐르면서 차량에도 조금씩 고장의 흔적들이 보이기 시작하였다. 수리할 부분이 생겨 평소 알고 지내던 카센터 사장님께 수리를 맡기려고 아침 일찍 집에서 출발하였다. 카센터로 가고 있는데 갑자기 장에서 요동을 치면서 꼬르륵 소리가 나면서 배가 살살 아파 왔다.

'아이코 큰일이네. 이 근처에 화장실이 없을 텐데.'

'아침에 대체 뭘 잘못 먹었기에? 이렇게 반응을 할까? 젠장.'

함부로 속옷에 실례할 수가 없고 실수를 하게 되면 나 자신이 민망하고 부끄러울 것 같았다. 점차 걱정되면서 차를 아무 곳에 주차해놓고 화장실을 찾아보기 시작하였지만, 도심지의 길거리에서 화장실을 찾기란 하늘의 별 따기 같아 보였다.

초조함으로 인해 등에 흥건한 땀이 젖어옴을 느낄 수 있었다. 경험해 본 분들은 나의 심정을 십분 이해할 것이다. 고도의 인내심을 발휘하여 계속 걸어 다니던 찰나 아침 일찍 문을 열어놓은 가게를 보고 사장님께 세상에서 두 번 다시는 볼 수 없는 극도의 불쌍한 표정으로 말씀을 드렸다.

"사장님 진짜로 죄송한데요. 제가 급하게 큰 것 좀 보고 싶은데, 화장실 좀 이용할 수 있을까요?"

나의 극도의 불쌍한 표정을 보면서도 사장님은 표정 한번 바뀌지 않고 말씀을 하셨다.

"그쪽 사정은 이해는 되지만 우리도 땅 파서 장사하는 것도 아니고 우리 가게 손님도 아니잖아요. 그리고 요즘 물값도 올라서 조금 곤란하겠는데요. 죄송합니다. 다른 데 가서 알아보시죠."

속으로 얼마나 사장님이 원망스럽던지.

'거참 냉정하네. 화장실 한 번 쓴다고 해서 내가 화장실을 계속 쓰는 것도 아니고 고작 오 분이면 끝날 텐데.'

한편으론 사장님의 입장도 이해가 되었기에 힘없이 가게를 나왔다. 다시 화장실을 이리저리 미친 듯이 찾아다니다가 유레카를 외쳤다. 드디어 공용주차장의 화장실을 발견한 것이었다. 40년 넘게 살면서 이렇게 기뻤던 적이 얼마나 있었던가 싶었다. 육상선수였던 우사인 볼트로 빙의를 하여 달렸고 그곳에서 쾌변과 쉼을 맛보았다.

기억을 더듬어 보면 우리는 학창시절 국어 시간에 배웠던 각종 문장부호가 있었다. 마침표, 느낌표, 쉼표, 물음표 등의 문장부호들이 있는데 각각의 문장부호들의 쓰임새는 다르다. 마침표, 느낌표, 물음표 등의 문장부호는 문장의 가장 끝에 온다. 그렇지만 쉼표는 문장의 낱말과 낱말 사이에 존재한다. 그 쉼표대로 글을 읽고 글을 쓸 때도 쉼표를 사용한다. 즉, 한 박자 쉬기 위해 쉼표는 존재한다.

우리네 삶도 이와 마찬가지가 아닐까 생각을 문득 해본다. 나도 그렇고 여러분들도 어떠한 일에만 목표에 매진한다. 뒤도 옆도 돌아보지 않고 오직 전진만 하면서 가속 페달만 주구장창 밟아댄다. 뒤도 옆도 돌아볼 여유가 잘 없고 때론 추월도 하면서 남들보다 앞서 나간다. 양보와 배려라는 것은 없고 무조건 그 차량이 끼어들기라도 할라치면 고성이 오고 가면서 흥분을 한다. 양보해도 될법한데 양보를 하게 되면 질 것 같아서 무조건 이기고 봐야 한다. 남들보다 앞서나가지 못하고 뒤처지면 왠지 불안하다. 무한경쟁 시대에 남을 짓밟아서 이기게 되면 묘한 쾌감까지 느낀다. 이런 열심과 최선의 노력으로 많은 사람의 성공신화가 이뤄졌다. 단기간에 전 세계의 유례없는 경제발전이 이런 열심과 최선의 노력으로 인한 것이다.

하지만 뒤와 옆을 돌아볼 여유조차도 없이 살아가고, 때로는 바쁘게 살아가다 보면 반드시 지칠 수밖에 없다. 지치다 보면 몸이 반응하고 만성피로가 누적되어 에너지가 소진된다. 그래서 적당한 쉼과 여유가 필요하다. 한자 중 쉴 휴(休)라는 글자가 있다. 나무 옆에 사람이 기대어 앉아 있는 모습이다. 무엇을 하다가도 잠시 멈추어서 시원한 나무 그늘에서 쉬는 것을 표현하였다. 우리는 반드시 이렇게 쉼을 얻어야 할 필요성을 느끼지만 그렇지 못하는 어리석음을 범한다. 쉬는 것은 곧 노는 것으로 생각하고 이는 곧 여유가 있는 자들, 가진 자들, 팔자 좋은 사람들의 몫이라고 치부해버리고 만다. 큰 착각을 하고 있다. 잘 쉬고 잘 놀아야지만 다음날에 에너지를 얻고 열심과 최선을 다할 수 있는 에너지가 생긴다.

결국은 하나의 목표에 도달하여 성공하고 나면 기분이 너무 좋고 마치 쾌변한 것처럼 느껴진다. 하지만 화장실을 찾기 위해 땀을 흘리고 긴장을 하였던 그 순간과 노력하면서 희생이 되었던 수많은 가치가 있었다. '얼마나 힘들었을까?' 하는 생각을 해 본다. 얻은 것도 있었겠지만 잃은 것도 있었다. 세상에는 공짜가 없는 법이니 말이다.

스프링 벅은 아프리카 초원에 사는 동물이다. 아프리카의 초원에서 집단 서식을 하는 스프링 벅은 시속 94Km로 뛰어 치타조차도 잡지 못할 만큼 빠르다고 한다. 그런데 어느 날 아프리카 대초원에서 집단 떼죽음을 당하는 일이 발생하였다. 집단 떼죽음이 발생하자 과학자들이 이를 밝혀내려고 조사를 하였다.

스프링 벅을 조사한 결과 놀라운 습성이 있다고 한다. 선천적으로 뛰어난 식욕을 타고난 스프링 벅은 무리를 지으면서 풀을 먹는데, 뒤에서 풀을 먹던 녀석은 앞선 녀석보다 더 많은 풀을 먹기 위해서 더 빨리 앞으로 달려나갔다고 한다. 그럼 앞에 있는 녀석은 뒤에 있는 녀석에게 자리를 빼앗기지 않기 위해서 그보다 더 빨리 달렸고, 결국 앞서거니 뒤서거니 하면서 목적을 상실한 채 죽을힘을 다해 달리다가 결국 강으로, 절벽으로 뛰어들어 죽음을 맞이하게 된 것이었다.

우리가 마치 아프리카 초원의 스프링 벅처럼 사는 것은 아닐까? 아프리카 초원에서 좀 더 많은 먹이를 먹기 위해 앞서가는 스프링 벅을 추격하면서까지 달리다가 결국은 절벽으로 떨어져서 죽는 스프링 벅. 조금 느리면 어떠한가? 조금 느리면 불편함을 느낄 수는 있겠지만 조금 느려도 나쁠 것은 없는 것 같다는 생각이 스프링 벅 사례를 접하면서 문득 든다.

사람마다 저마다 삶의 가치는 다르겠지만, 그 삶의 가치에 성공과 경제력이 가장 최우선으로 된다면 그럴수록 더욱 우리네 삶은 반드시 쉼표가 필요하다. 스프링 벅처럼 옆도 뒤도 돌아보지 않고 살아간다면 결국 우리네 인생은 불행으로 끝날 것이다.

> "한가로운 시간은 그 무엇과도 바꿀 수 없는 재산이다."
>
> ― 소크라테스 ―

## Day 17

# 이런 사람을 곁에 두고
# 이런 사람이 되어보자

🌙 "남자는 자기를 알아주는 사람을 위해 죽고, 여자는 자기를 사랑해주는 이를 위해 화장을 한다." 라는 말이 있다. 그만큼 어떠한 사람을 진심으로 인정해주고 그 인정을 받은 사람은 일생일대의 큰 변화를 일으킬 수 있는 잠재력을 가지고 있는 셈이다.

지금 소개하려는 사람은 굉장히 유명한 방송인이다. 이분은 1991년 제1회 KBS 대학개그제에서 20살에 데뷔를 하였다. 하지만 극심한 무대 공포증과 개인기 부족, 적절한 시기에 멘트를 날리지 못하는 등 개그맨으로서 최악의 상황이었다. 이분은 스스로 많이 자책하면서 이름 또한 날리지 못한 무명의 생활을 겪었다. 그래서 간절하게 기도를 하였다.

'단 한 번의 기회를 주시면! 단 한 번의 기회를 주십시오. 도와주십시오.'

그렇지만 이분은 이분을 알아봐 주는 인생의 귀인을 만나게 되어 인생이 바뀌었다고 한다. 이분이 누구인지 짐작이 가는가? 아마 짐작했을 것이다. 바로 국민 MC 유재석이다.

선한 인상에 잇몸 만개 늘 웃는 모습을 보이시며 MC로서 소통을 잘한다고 정평이 나 있다. 어떠한 상대를 만나도 리액션을 잘하면서 상대방을 배려해주고 따뜻한 웃음을 전해준다. 그리고 평소에는 검소한 생활을 하지만 펑펑 돈을 쓰는 것이 있었으니 바로 기부였다. 통 큰 기부를 생활화하여 연예계 기부 스타로 등극하였다고 한다. 이런 점에서 안티 팬이 없다고 봐도 무방할 정도이다. 이러니 유느님이라고 하는 것이 아닐까?

하지만 천하의 유재석도 7년 정도의 무명시절을 거치면서 많이 괴로워하고 힘들어하였다. 그렇지만 유재석을 알아봐 준 단 한 사람 귀인이 있었는데 그분이 바로 김석윤 PD였다. 김석윤 PD는 공포의 쿵쿵따 프로그램(끝말잇기 게임)을 기획하였고 그 외에도 윤도현의 러브레터, 자유선언 오늘은 토요일 등 인기 있는 버라이어티 프로그램을 연출한 실력 있는 PD이다. 김석윤 PD가 유재석을 알아봐 준 단 한 사람이었다고 한다.

유재석이 방송에서 이렇게 이야기를 하였다.

"내 인생을 바꿔준 단 한 사람이 있다고 한다면 바로 김석윤 PD님이셨어요."

"김석윤 PD님은 저를 버라이어티 쪽으로 이끌어주신 굉장히 고마우신 분이세요. 저의 가능성을 봐주시고 가능성 실현을 위해서 도와줬던 분입니다. 그때 당시에 이휘재나 강호동, 남희석 등이 유명세를 치르고 있을 때 저에게 메뚜기 탈을 씌워주고서 유재석이라는 존재를 시청자에게 각인시켜준 매우 고마우신 분이십니다."

메뚜기 탈을 쓰고 방송을 하고 나니 시청자들이 빵 터지기 시작했다. 이로 인해 유재석의 인기가 조금씩 상승하였고, 메뚜기 탈로 인해서 엄청나게 웃긴 존재로 시청자들에게 각인되었다. 이때부터 유재석의 인생이 180도 바뀌기 시작했고, 인기 개그맨의 길을 달려 지금의 여기까지 오게 되었다. 유재석의 인생이 바뀌는 것을 누구보다 빨리 목격을 하게 된 분 바로 김석윤 PD이다. 만약 김석윤 PD가 없었더라면 지금의 유재석은 없었을 것이다.

인생을 살다 보면 수많은 사람을 만나고 헤어진다. 수백 명의 명함을 소지하고 연락처가 저장되어 있다고 자랑하고 어깨에 힘을 주고 살아가지만 정작 진심으로 자기를 정말 인정해주고 알아봐 주는 사람이 과연 몇 명이나 될까? 우리들의 삶 속에서 나의 가능성을 알아봐 주고 인정해주는 사람. 더도 말고 덜도 말고 딱 한 사람! 나의 일에 관심과 사랑을 가져주고 격려해주는 사람 딱 한 사람만이라도 있다고 한다면 유재석처럼 그 사람은 변화될 것이다.

나 또한 과거에 대학교에 가기 전에는 소심하고 말이 별로 없고 조용한 스타일이었다. 늘 있는 듯 없는 듯 꿔다놓은 보릿자루처럼 조용히 살아갔던 놈이었다. 하지만 사물놀이 동아리에서 활동하면서 선배님들의 과분한 사랑과 인정을 받고 특히 수많은 사람 앞에서 공연하면서 변화가 되었다. 군 입대 후 빠릿빠릿한 동작과 큰 목소리로 대답하다 보니 선임들의 관심과 사랑을 받으면서 힘든 군 생활에서 조금씩 적응해 나가는 나 자신을 발견할 수 있었다. 나도 모르게 자신감이 넘치는 사람으로서 변모되고 있었다.

그래서 남자는 자기를 알아주는 사람을 위해 죽고, 여자는 자기를 사랑해주는 이를 위해 화장을 한다는 말이 괜히 있는 것이 아니다. 그만큼 사람을 인정해주고 인정받는 것이 사람을 충분히 변화시킨다는 것이다. 여러분들의 인생에 이런 사람을 곁에 두시면 좋을 것 같고 더불어 역으로 여러분들도 이런 사람이 되어보는 것은 어떨까? 한 사람을 믿어주고 진심으로 격려해주고 위로해줄 수 있는 가슴이 따뜻한 사람 말이다.

굳이 사람 간의 관계가 아니라고 하더라도 부모와 자녀 관계에서도 이를 적용해봄 직하다. 자녀에게만큼은 믿어주고 격려해줄 수 있는 부모가 되어보자. 소위 말하는 문제행동으로 남들은 다 손가락질하고 비난받는 아이이지만 나의 자녀이니깐 품어줄 수 있는 부모가 되어보는 것이다. 부모가 품어주지 않는다면 그 아이는 더 기댈 곳이 없어진다. 훗날 이 아이는 범죄자로 전락할 가능성이 커진다. 부모라는 이유로 엄격한 훈육, 지적질만 하는 것이 아니라 자녀들을 진심으로 믿어주고 끌어주고 품어주는 것이 바로 부모의 역할이다.

아이들은 부모님의 사랑과 인정, 격려를 받고 자란다. 구김살 없이 자란 아이들은 매사에 자신만만하고 자신감이 넘치는 아이들은 바로 부모님의 사랑이 있었음을 기억하자. 성공한 위인들의 뒤에는 어머니라는 위대한 분이 계셨다. 에디슨은 저능아라는 소리를 들으면서까지 학교생활에 적응을 못 하였다. 괴짜 같은 행동을 하고 끊임없는 질문을 하였지만, 어머니만큼은 따뜻한 사랑으로 늘 질문에 대답을 해주고 에디슨을 직접 가르쳤다.

아인슈타인은 말도 제대로 못 하고 학교생활에도 적응을 못

하는 문제아로 낙인이 찍혔다. 하지만 역시 어머니께서 사랑으로 돌보고 사랑으로 감싸다 보니 스스로 생각하는 능력이 생기면서 큰 과학자로 성장하였다.

인생에서 좋은 귀인을 만날 수 있도록 노력해보자. 그전에 좋은 귀인을 만나기 위해선 본인 스스로 좋은 사람이 되어야 하는 것은 당연하다. 그리고 본인 자신도 좋은 사람이 되어 힘들게 사는 사람에게 따뜻한 격려, 위로를 해줄 수 있는 사람이 될 수 있도록 하자.

"자세히 보아야 예쁘다. 오래 보아야 사랑스럽다. 너도 그렇다."

– 나태주 시인 「풀꽃」 중 –

## Day 18

# 행복한 삶을 살고 싶다면
# 감사하라

🌙 행복하게 살고 싶다는 것은 동서고금을 막론하고 인간의 공통적인 생각이다. 행복하게 살려고 한다면 어떻게 해야 할까? 행복하게 살기 위해서 많은 조건이 필요할 것 같다. 흔히들 이야기하는 물질(경제적 능력), 건강, 자녀의 성공, 본인들의 성공 그리고 기타 등등 또 뭐가 있을까? 하지만 이런 조건보단 더 중요한 것이 있지 않을까?

우리는 불평불만을 늘 입버릇처럼 내뱉으면서도 한편으로는 행복을 갈구하고 찾으려고 노력한다. 하지만 행복은 상대적인지라 어떤 사람에게는 큰 행복으로 어떤 사람에게는 작은 행복으로 느껴진다. 살면서 행복은 셀프이고 상대적이라는 말 들어보셨을 것이다. 행복은 본인 스스로 만들어나가야 하고 비교할 수 없다.

"우리 아이가 건강하게만 커 줬으면 좋겠어요. 그러면 행복할 것 같아요."

"우리 아이가 반에서 일등만 해줬으면 좋겠어요. 그러면 정말 기쁠 것 같아요."

"남편이 회사에서 연봉이 오르기만 해도 좋겠어요. 그러면 너무 기쁘고 행복할듯해요."

이런 식으로 행복에 조건이 붙곤 하지만 이런 조건이 이루어졌을 때 행복해지는 걸까? 이루어지고 나면 또 다른 조건들이 붙을 것 같다. 역으로 이러한 조건들이 이루어지지 않았을 때 그 상황은 불행해지는 걸까? 금전적으로 여유가 없는 사람에게는 돈 천만 원이 생기면 행복해질 테고, 금전적으로 여유가 있는 사람에게는 크게 행복해질 일은 아닐 것이다. 그렇다면 진정한 행복이란 어떤 것일까? 물질을 많이 가진 것 이것이 행복의 척도일까?

나는 이른 새벽에 목욕하러 종종 가곤 했었다. 코로나 19로 인해 감염 여부에 신경이 쓰여 한동안 못 갔지만, 2022. 04. 18. (월)부터 코로나 19 거리두기가 사라지고 점점 확진자도 줄어들어 새벽에 목욕탕을 다시 가리라 맘먹었다. 새벽에 목욕하러 가면 사람이 거의 없어서 조용하게 씻을 수 있을 뿐 아니라 새벽에 씻고 난 이후 하루를 깨끗한 몸과 마음으로 시작할 수 있다는 것이 크나큰 장점이었다. 물론 잠과의 사투를 벌여야 하는 단점도 있지만, 그 개운함은 이루 말할 수 없다.

이날도 목욕하기 위해 새벽에 기상하여 목욕 도구를 챙겨서 목욕탕으로 출발하였다. 목욕탕으로 가는 발걸음이 너무 가벼웠다. 신선한 새벽공기를 마시며 고요함 속에서 한 걸음 한 걸음 목욕탕으로 가는 것은 참으로 기분 좋은 일이었다. 지나가는 길거리에서 신문을 배달하는 아저씨, 우유를 배달하는 아주머니를 보면서 '다들 열심히 사시는구나. 나도 열심히 살아야겠다.' 다짐을 할 수 있는 것도 덤이었다. 십 분 정도 걸어서 드디어 목욕탕에 도착하고 돈을 지급 후 탈의실에 올라갔다. 나 혼자만 탈의실에 있을 줄 알았는데 웬걸 아저씨 한 분이 탈의실 평상에 앉아 계셨다.

'저분도 새벽에 목욕 오시는 것을 좋아하시나 보다.'

나도 모르게 아저씨가 새벽에 나처럼 목욕탕에 왔다는 동질감으로 아저씨께 "안녕하세요?" 인사를 하였다. 그런데 아저씨는 나의 얼굴을 쓱 쳐다만 보면서 대답을 하지 않았다. 순간 내가 인사를 잘 못 했나? 머쓱함을 느꼈지만 이내 개의치 않고 탈의를 하기 시작하였다. 그 아저씨도 평상에 앉아 계시다가 탈의를 하기 시작하는데 하는 행동이 어색해 보였다. 상의를 탈의 후 하의를 탈의하기 시작하는데 왼쪽 다리가 달라 보였다. 왼쪽 무릎 아래쪽이 일반 사람들이랑 달랐다. 옆으로 살짝 쳐다보니 그 아저씨는 의족을 차고 계셨다. 너무 자세히 쳐다보는 것은 예의가 아닌지라 나머지 옷도 다 탈의를 하고 난 이후 목욕탕 안으로 들어갔다. 대충 샤워를 하고 큰 탕의 온기가 가득한 따뜻한 물에 몸을 담그니 상쾌한 기분이 들면서 저절로 웃음이 나오면서 휘파람도 나왔다.

'이게 대체 얼마 만이야? 그래 이게 바로 새벽 목욕의 묘미지!'

목욕탕 문이 열리면서 그 아저씨도 들어오셨는데 의족을 벗은 관계로 왼쪽 다리는 짧아져 있는 상태로 덜렁거리면서 오른쪽 발만 바닥에 디딘 채 목발 없이 뛰어오셨다. 뛰는 모습이 어색하진 않아 보였고 꽤 오랫동안 불편하게 살아온 것처럼 느껴졌다.

측은한 마음이 들었지만 내가 해줄 수 있는 것은 아무것도 없었다. 희한하게도 아저씨는 샤워기의 물을 계속 틀어놓고 가래를 캑캑 뱉으시면서 한번씩 "아 ××, 물이 왜 이렇게 약하게 나오노?" 이렇게 욕을 하면서 샤워를 하는 것이었다.

아저씨만의 무의식적인 방어기제 같았다. 방어기제란 정신분

석 용어로써 자아가 위협받는 상황에서, 무의식적으로 자신을 속이거나 상황을 다르게 해석하여, 감정적 상처로부터 자신을 보호하는 심리 의식이나 행위를 가리키는 단어이다.

자기가 장애를 가지고 있으므로 세상 사람들이 아무렇게나 던진 말투나 자기에게 했던 행동 등으로 인해 많은 상처를 받고 굴욕감을 느꼈을 것이다. 그래서 '자기를 함부로 대하지 마라. 나는 약한 사람이 아니다.'라고 은연중에 행동을 통해서 시위하는 것처럼 보였다. 평소 하던 나쁜 습관일 수도 있겠지만, 사회복지사 특유의 측은지심으로 바라보니 그럴 것만 같았다. 그래서 아저씨의 이런 행동이 더 안타깝고 측은하게 느껴졌다.

샤워를 마치고 큰 탕에 바로 들어오지 않고 냉탕 옆 이벤트 탕이라고 하여 조그마한 탕이 있다. 거기 혼자서 탕에 들어가서 눈을 감고 있었고, 행여나 나로 인해 불편함을 느끼고 거기에 들어가 있는 것이 아닐까 싶은 생각이 들었다. 큰 탕에 더 오래 있고 싶었지만, 아저씨가 편안하게 몸을 담그시라고 일부러 큰 탕에서 나와 드렸다. 아니나 다를까 내가 나오고 난 이후 아저씨는 큰 탕으로 들어와서 몸을 담그시며 편안한 미소를 지으셨다. 나의 눈치를 보고 있었던 것이었다.

그동안 살아오면서 얼마나 많은 상처를 받았을까? 아저씨가 나만 없으면 혼자밖에 없는 목욕탕 안에서 누구의 눈치도 볼 필요 없이 편안하게 목욕을 하실 수 있을 것 같아 평소보다 짧게 목욕하고 나와 버렸다.

아저씨는 자존감이 너무 낮아서 욕으로 센 척하고 있었다. 아저씨는 세상은 불공평하여 본인은 받은 것도 없고 자기는 불편하므로 받는 것에만 익숙하고 당연하다고 생각하는 것 같았다. 주는 것에 대한 기쁨을 모르고 불평불만을 일삼는 것 같았다.

늘 입에서 불평과 불만이 쏟아져 나오고 부정적인 사고를 하는 사람에게는 행복을 느낄 여유조차 없다. 그런 여유는 사치의 감정으로만 치부된다. 아저씨를 보면서 한없이 건강한 나 자신이 사랑스러워지는 순간이었다.

물질적으로 풍부하다고 해서 그게 행복의 전제조건이 될 수 없다. 물론 물질이 많이 있다고 해서 불행한 것은 아니지만 절대적 행복의 조건은 아니다. 행복의 조건과 행복의 추구점과 목표는 사람마다 달라질 수 있다. 아프리카 등 가난한 나라에서는 밥을 굶는 일들이 태반이라 먹는 것을 늘 갈구하고 풍족하게 먹는 것이 소원일 것이다. 하지만 늘 밥을 먹고 사는 우리들로썬 평범한 일상인지라 감사함을 모른다. 하지만 건강상의 이유로 혹은 종교적 이유로 금식을 하여 단 3일이라도 밥을 먹지 못한다면 어떨까?

세상과 물질에 대한 욕심, 욕망의 찌꺼기들이 사라지고 진정으로 밥에 대한 감사, 먹는 것에 대한 감사를 느낄 수 있다. 진정한 감사를 느끼고 싶다면 3일간의 금식 추천한다. 행복은 정말 별것 아니라고 생각해본다. 주변에 사소한 것들이라도 감사하는 습관을 지녀 보자. 감사함으로 매일 삶 속에서 행복을 느껴보도록 하자. 우리는 별것 아닌 작은 감사의 습관이 행복의 최고 지름길이라는 것을 잊어버리고 산다. 나 또한 알고는 있지만, 실천을 못 할 때도 있다. 나 자신도 감사함으로 하루하루 살아가고 싶을 때 그 아저씨가 문득 생각이 날 것 같다.

"행복에는 두 갈래의 길이 있다. 욕심을 줄이거나 재산을 많이 가지면 된다."

― 벤저민 프랭클린 ―

# Day 19

# 삶의 익숙함을
# 경계하자

🌙 2020년 1월 20일 중국 우한에서 입국한 중국인 30대 여성이 있었다. 이 여성이 첫 확진자가 되면서 코로나 19가 시작되었다. 이로 인해 감염병 위기가 '주의'에서 '경계'로 격상이 되었다. 모든 전염병이 마찬가지지만 결국은 퍼지고 퍼져서 코로나 19로 인해 고통을 받고 있었다. 그렇지만 의료진들과 정치인, 공무원 그리고 모든 국민이 협력하여 선을 이루어서 확진자 수가 확 줄어들었다. 방역지침에 의거 거리 두기 해제 및 실외 마스크 착용 의무도 해제되어 한층 삶의 질이 나아지고 살기 좋은 세상이 되었다.

그때 당시 코로나가 번질 초기에는 지금처럼 백신주사도 없을 때였으니 혼란의 시기였다. 제일 좋은 예방법이라고 알려진 것이 손 씻기와 마스크 쓰는 것이었는데 마스크도 그냥 마스크가 아닌 KF94 마스크 혹은 KF80 마스크였다. 한때 품귀현상이 발생하기도 하였고 마스크를 팔아서 떼돈 번다는 소문이 돌기도 했었다.

코로나 19가 계속해서 번지고 최고의 대안으로 떠오른 마스크를 써야 하는데 공급이 원활하지 못하여 5부제 형식으로 정해진 요일에만 살 수 있는 마스크 5부제를 도입하였다. 마스크를 판매하기 시작하자 150장이 30분 만에 동나기도 하였다. 그렇지만 마스크 5부제가 사라지면서 편안하게 마스크를 구매할 수 있게 되었다. 코로나 환자가 속출하고 종식되지 않고 있으니 관련 산업들(손 씻기 용품, 세정제, 위생용품 등)도 발전하고 비대면, 언택트라는 단어가 우리에게는 익숙해졌다.

산업 전반이 침체가 되었고 자영업자들과 사업자들 그리고 남녀노소 가릴 것 없이 모두 힘들었다. 백신 자체에 부작용을 나타내는 사람들이 많아서 백신 무용론까지 나오는 등 국론이 분열되었다. 정치권에서는 공방이 가열되었다. 한 번도 겪어보지 못했던 세상에서 살아가려니 모든 것이 낯설었고 어색하였다. 비대면과 언택트라는 용어도 낯설었고 오프라인에서의 활동을 거의 못 하고 제약이 있는 것 또한 낯설었다. 그러나 시간이 약이라는 말처럼 세월이 흐르다 보니 익숙해졌고 적응을 하였다. 사람은 환경에 적응하는 동물이라는 말이 딱 맞다.

불편하였지만 조금만 조심하게 되면 살아가는 데 불편함으로 다가오는 것이 딱히 없었다. 그렇지만 경계해야 할 것이 있었다. 바로 익숙함을 경계해야 하는데 실례로 조금 좋아졌다고 나태해지고 익숙한 것이 편안함으로 다가와 거리두기를 소홀히 하거나 덜 지켜져 사태가 걷잡을 수 없게 된 적이 있었다. 위드 코로나라고 하여 2021년 11월부터 시행을 하였지만, 결국 오히려 더 확진자가 늘어났다.

우리네 삶도 이와 별반 다를 바 없다. 살다 보면 어려움이 많이 생기고 겪게 된다. 삶이 흐르는 물처럼 편안하게 흘러가면 좋으련만 그렇지 못한 경우가 태반이다. 삶의 고비와 어려움 속에서도 결국 시간이 약이라고 시간이 흐르니 적응을 하게 되고 극복하게 된다.

어떠한 일이든 처음부터 잘하는 사람 없다. 하다 보니 늘게 되고 요령이 생기게 되고 알게 된다. 신입사원들이 회사에 적응하지 못하고 퇴사를 하는 원인 중 하나가 회사 업무가 전공과는 무관하게 다르게 흘러간다는 점이다. 배운 것과는 전혀 다르게 흘러가니 회사 업무에 적응하게 힘들어진다. 사람 관계도 힘든 마당에 일까지 어려우니 미칠 지경이다. 결국, 버티다가 마음이 여린 분들은 퇴사하게 된다.

그렇지만 마음의 힘이 강한 분들은 시간이 흐르고 흐르면 언제 그랬냐는 듯이 익숙해진다. 익숙해지니 감정과 태도가 느슨해지고 결국 일을 그르치게 되고, 안 좋은 결과를 야기한다. 익숙함은 내 삶을 당연하게 만들어주고, 평소와 다름없이 지나가게 한다. 하지만 동시에 소중한 것을 잊고 살아가게 해준다. 그래서 익숙한 것은 오랜 시간을 지속시켜줄 힘이 되지만 동시에 익숙해지면 소홀해지고 당연하게 받아들여진다.

우리는 이런 것들을 경계해야 한다. 사람 관계에서도 절대로 당연한 것은 없다. 당연함을 요구하다 보면 멀어지게 된다. 당연함으로 요구하다 보니 서로 불만이 쌓이게 되고 잦은 싸움이 늘어나게 되면서 소중한 것을 잃게 되는 것이다. 마치 남녀 사이의 연애처럼 느껴진다.

처음에 남녀가 연애하면서 서로를 사랑하고 소중하게 느낀다. 남자가 여자를 집으로 바래다주는 것은 당연하다고 느끼고 실행에 옮긴다. 밥을 먹고 좋은 곳으로 놀러 가면서 데이트를 하면서 남자가 여자에게 배려를 해주는 것은 당연하다고 느낀다. 하지만 일정 시기가 지나고 난 이후 남자는 여자에게 소홀해지는 시기가 오게 된다. 일종의 권태기처럼 말이다. 여자는 이런 남자들의 변해버린 태도에 대해 서운하게 느껴지고 불만이 쌓이면서 말다툼을 하고 심하면 이별을 고한다. 남자가 여자에게 잘해주는 것 당연하다고 느껴질 수도 있지만, 결코 당연한 것이 아니다. 남자가 여자에게 잘해주는 것이 익숙해지다 보니 여자의 감정이 무뎌진 것이고 설레는 감정이 서로 누그러지면서 예전처럼 돌아간 것이라고나 할까?

당연함을 고집할수록 유연한 사고보다는 고정화된 사고로써 행동하게 되고 앞서 예를 들었던 연인관계나 인간관계, 업무 관계에 있어 결국 화를 불러오는 경우가 생긴다. 익숙한 것들이 많아지면 많아질수록 더욱 나태해질 수 있는 자신을 살펴보아야 한다. 무언가를 잘하고 싶다면 익숙함이라는 것과는 조금 멀리하여야 한다. 익숙한 것이 마냥 좋은 것만은 절대로 아니라는 것을 꼭 기억해야 할 것이다.

"익숙함에 속아 소중함을 잊지 말자."

— 생텍쥐페리의 『어린 왕자』 중 —

# Day 20

# 누구나 있는
# 인생의 변곡점

🌙 사랑하는 남녀가 뜨겁게 사랑을 하다가 결혼을 하게 된다. 뜨거운 사랑의 결실로써 여자는 임신하게 되고 10개월 후 한 아이의 엄마가 되고 남자는 아빠가 된다. 나 또한 지금의 아내를 교회의 권사님 소개로 만나서 6개월간의 뜨거운 연애 끝에 결혼하게 되었다. 결혼한 것은 지금 생각해도 탁월한 선택과 나의 인생 전반에 있어 잘한 것 중 하나로 꼽을 수 있다. 결혼 후 일반 평범한 부부들처럼 아이를 가진다는 것이 누워서 떡 먹기처럼 쉽게만 느껴졌다. 하지만 아내의 임신이 결코 쉬운 게 아니었다. 아이가 쉽게 생기지 않았고, 이후 현대 의학의 힘을 빌려 시술을 하게 되었다.

현대 의학의 힘으로써 임신한 아내. 세상을 다 가졌다는 말이 이런 것일까? 하지만 기쁨도 잠시, 하늘은 우리 부부의 기쁨을 시샘한 탓이었을까? 주기적으로 산부인과에 검사를 받으러 가서 초음파를 하는데 태동이 느껴지지 않는다는 의사 선생님의 말씀에 하늘이 노래지는 것 같았다. "선생님 오진이죠? 잘못 검사한 것 아닌가요?"

오진일 듯하여 다른 산부인과에 가서 검사했지만 역시 마찬가지였다. 아이는 아내의 뱃속에서 죽은 것, 즉 유산이 된 것이었다. 아내와 나의 충격은 이루 말할 수 없었고, 결국 수술을 통해 첫 번째 아이는 가슴에 묻게 되었다.

첫 번째 아이를 가슴에 묻었지만, 우리 부부는 희망을 버리지 않고 1년 이후 다시 시술하여 임신하게 되었고, 감사하게도 10개월을 무사히 채우고 지금의 아이가 세상의 빛을 볼 수 있었다. 아이가 세상에 빛을 보면서 응애응애 하는데 흘러나오는 뜨거운 눈물이 멈추지 않았다. 부끄러울 정도로 눈물을 흘렸지만, 전혀 부끄럽지 않았다.

2.76kg의 비교적 가벼운 몸무게로 태어난 나의 아들. 하시온이라고 이름을 짓고 험난한 육아 생활이 시작되었다. 시온이가 태어나기 전 육아헬이라는 말을 많이 들었건만 한 번의 유산을 거치고 귀하게 태어난 아들인지라 잘 키워야지 다짐을 하였다. 하지만 육아는 절대 쉽지 않았다. 아이를 키워보신 분들은 아

시겠지만, 육아는 중노동에 비해도 손색이 없을 만큼 고된 일이다. 무척 힘들었고 아내 또한 힘들고 죽을 맛이었지만, 하루하루 커가는 시온이를 보면서 그 속에서 보람과 기쁨을 찾을 수 있었다. 이 맛에 아이를 키우는 것 같았다.

직장생활을 병행하며 아내의 홀로 육아가 아닌 함께 육아를 실천하면서 이런 육아 경험을 바탕으로써 예비 아빠 엄마들, 조부모님들께 육아에 대해 간략하게나마 전달을 하고 싶었다. 조부모님들께 과거와는 확연히 달라진 육아 환경, 육아에 대해 꼭 알려드리고 싶었다. 함께 육아의 경험을 바탕으로 글을 조금씩 쓰기 시작하였는데 그 결실로써 『아빠 육아 처음이지』라는 책을 쓸 수 있게 되었다. 시온이의 탄생으로 험난한 육아를 경험하면서 책 출판이라는 새로운 방향으로 열매를 맺어 전환되었다.


변곡점이라는 용어는 원래는 수학에서 사용하던 용어이다. 곡선이 극점에 달해 방향이 바뀌게 되는데 좀 더 넓은 의미로써 어떠한 사건과 현상이 새로운 변화를 가져올 때 사용하는 용어이다. 새로운 방향으로 변화를 가져오면서 변곡점에 이르렀다고 한다.

결혼하지 않고 아이를 낳지 않았다면 인생의 변곡점을 느끼지 못했을 것이다. 나는 소중한 나의 아들과 함께 지냈던 과거와 현재 지내고 있는 것 자체가 인생의 변곡점인 셈이다. 미혼 시절과는 180도 다른 삶을 살면서 새로운 방향으로 변화가 생겼다. 다른 아이들처럼 힘들었지만, 그로 인해 여느 부모 못지 않게 아이에 대한 사랑을 느낄 수 있었다. 아이가 없었다고 한다면 어찌 내가 책을 쓸 수 있었을까? 아이가 없었다면 나와 아내의 삶은 어떠했을까? 사실 지금도 힘들지만, 절대 후회하지 않는다. 말 한마디 행동 하나하나가 귀여워 죽을 것 같다. 흔히 하는 말로 깨물어 주고 싶다. 아이의 탄생과 성장은 인생의 한 획을 그은 사건, 변곡점이었다. 시온이 때문에 성숙해졌고, 더욱 어른이 되어갔다. 그리고 책을 썼고 작가라는 타이틀이 생겼다.

사람마다 인생의 변곡점은 누구나 있다. 어떠한 사건과 현상으로 인해 무언가 변화되는 시점이 반드시 있다. 어떠한 사건과 현상은 사람마다 각자 다를 것이다. 잘 되는 것 같다가도 나락으로 떨어지는 경험을 함으로써 무언가 자신에게 심적인, 육체적인 변화가 생긴다.

반면에 바닥에 곤두박질치면서 꼬꾸라져 있다가도 노력 혹은 운으로 인해서 바닥을 치고 올라가는 경험도 있을 것이다. 어려움을 겪고 있다고 한다면 어려움을 겪었다고 한다면 이제는 새로운 도약만이 남았다. 어려움이 찾아온다는 것은 이전까지의 편안함을 추구할 수 없게 된 것이고, 어려움의 원인을 깨우치고 개선하고자 하는 노력만으로 변화이고 성장이다.

'이때까지 추락한 것만 같고 인생이 엉망이었던 것 같다, 인생이 잘 풀리지 않는 것 같다.'라고 생각을 했더라면 그런 생각은 멈추자. 인생은 한 방이라고 늘 자위하고 로또에 열광하면서 좌절감, 패배감에 힘든 분이 계신다면 이제는 올라갈 일들만 남았다.

올라갈 이 시기에 내가 할 수 있는 일들이 무엇일까? 내가 준비해야 할 것이 무엇이 있을까? 취해야 할 것은 무엇이며, 버려야 할 것은 무엇인가를 생각해보면서 행동으로 실천해 보시길 바란다. 올라갈 그 시기는 본인만이 정확히 알고 있다. 문제에 대한 정답 또한 본인만이 알고 있지 타인들은 절대로 모른다. 가족들조차도 모를 수 있다.

반면에 이때까지 살면서 몹시 어려움 없이 잘 살았다. 지금도 편안하게 살고 있다. 너무 좋다. 나는 크게 이변이 없이 그냥 잘 살 것 같다고 자신만만할 수 있다. 그러나 이것은 자만이다. 이럴 때일수록 겸손해야 한다. 겸손할수록 고개를 숙인다고 하지 않는가? 자만심에 빠지지 마시길 바란다. 인생은 아무도 모른다. 그냥 평범하게 살았다. 이것이 가장 좋지만 쉽지 않은 일이다.

"인생은 롤러코스터 같은 것이다. 인생에는 오르막길과 내리막길이 있다. 비명을 지를지 그것을 즐길지는 당신의 선택이다."

– 스티브 잡스 –

# Day 21

# 삶의 확신을
# 가지자

🌙 나는 올해 1982년생 현재 한국 나이로 41살이다. 40대 초반 나이이지만 나이는 늘 숫자에 불과하다고 느끼면서 살아가고 있다. 본래의 직업인 사회복지사라는 직업을 가지고 있으면서도 다양한 일과 경험하려고 노력을 했다.

사회복지사라는 직업을 가지고 약 7개월 정도 나우커피라는 무인카페 브랜드를 운영하였던 점주였다. 코로나 19로 인한 경기 저하로 인해 폐업하였지만 젊었기 때문에 할 수 있었던 좋은 경험으로써 생각하고 있다. 그리고 경매를 통해서 부동산 수익으로 현 역세권 빌라 건물주가 되었기도 하다. 사람들과 소통하는 것을 좋아해서 마이크를 잡고 강의 및 MC 활동도 했고,

한때는 꽃 배달 사업도 했었지만 역시 폐업하였다. 『아빠 육아 처음이지』라는 책을 쓴 책을 쓴 작가이다. 나름 내 나이 또래보다 다양한 활동 이력을 가지고 있다. 사람들은 이런 나를 능력자 혹은 N잡러라고 부러워하고 치켜세우곤 한다. 하지만 누구나 마음만 먹으면 할 수 있는 충분한 가능성과 능력이 있으므로 본인들이 안 해서 그렇지 전혀 부러워할 필요도 치켜세워 줄 필요도 없다.

그런데 "왜 이렇게 다양한 일을 하셨나요? 고정적인 월급도 있는데 말이죠?" 이렇게 의문을 가지시는 분들이 있었다. 이러한 의문에 나는 단호하고 간단하게 대답을 하였다.

"저는 돈을 조금 더 벌고 싶었습니다."

인간은 욕망의 화신이라고 한다. 나 또한 예외가 아니었다. 소유할수록 더 소유하고 싶었다. 경제적으로 풍요로운 삶을 누리고 싶었다. 먹고 싶은 것, 하고 싶은 것을 다 하고 아이에게 아내에게 해주고 주고 싶은 마음이 컸다.

과도한 욕망과 욕구는 패망의 지름길이자 유혹과 검은손이 나타나는 실마리를 제공한다. 그렇지만 과도한 욕망과 욕구와는 다르게 나는 나의 능력에 걸맞게 욕심과 욕망을 부리고 싶었다. 나 자신이 다양한 일들을 통해서 능력의 최대치를 보고 싶었고, 자기계발의 도구로 쓰려고 하였다. 비록 몸은 조금 더

고될지라도 내가 희생하는 한이 있어도 벌고 싶었다.


경매로 빌라 낙찰받은 이야기를 해보고자 한다. 경매라는 제도 자체에 대해 부정적인 생각을 가지신 분들이 있을 것이다. 요즘은 대중화된 제도인지라 긍정적으로 받아들이는 분들도 계시겠지만 잘 모르시는 분들은 부정적인 느낌을 지울 수 없을 것이다.

"멀쩡하게 사는 사람을 쫓아 보내는 것 아니냐?"

"TV나 드라마에 보면 빨간딱지 붙이고 다니고 옆에 아내와 자식들은 울고 있고 인간적으로 이게 할 짓이냐?" 할 수도 있다.

그렇지만 짤막한 상식으로 알아두시길 바란다. 잠깐 경매라는 제도에 대해 언급하자면 경매라는 제도는 대한민국 법원에서 실시하는 것이다. 돈을 빌려준 채권자가 채무자에게 돈을 받지 못하였을 시 채권자의 신청에 따라 법원이 하는 강제집행의 한 방법으로써 부동산을 매각하는 절차에 따라 최고가격을 제시한 사람에게 파는 것을 경매라고 한다.

경매까지 안 가게 하려면 빚을 안 지면 되고 빚을 지더라도 갚으면 된다. 물론 다양한 사유가 있겠지만 결국 빚을 못 갚으면 채권자로서도 손해를 입으면 안 되니 어쩔 수 없이 경매라는 제도를 이용할 수밖에 없다. 내가 경매에 입찰하려고 할 때 가족들과의 갈등에 봉착하게 되었다. 특히 아내의 반대가 심하였다.

"잘못되면 어쩌려고 그래요? 집을 잃고 그 사람이 가만히 있겠어요?"

"쫓겨난 사람이 찾아오면 어쩔래요? 낙찰금액은 어떻게 마련을 하고요?"

아내는 경매라는 제도에 대해 모르는 것투성이고 의문투성이다 보니 반대를 무척 하였다. 한번쯤 경매에 관해 공부를 해보면 절대로 저런 소리 못할 텐데 말이다.

사람은 원래 익숙한 것만 하려고 한다. 그래야 몸과 마음이 편하니 말이다. 편하니깐 신경 쓸 일도 없고 스트레스 받지도 않으니 그냥 주어진 상황 속에서 편하게 살아갈 수 있다. 그렇지만 무언가를 아는 것이 있다면 이야기가 달라진다. 아는 것이 없다 보니 처음 접하면 두렵고 정신적으로 시달리고 몸도 피곤하면서 손해를 볼 것 같은 예감이 든다. 아내도 이런 입장이었는데 처음에는 두려워서 무지해서 그러려니 하고 이해하였다.

그렇지만 세상은 아는 만큼 보이는 법이다. 처음에는 아내를 이해하였지만, 이견이 좁혀지지 않자 나는 무조건 하겠다고 하며 밀어붙였다. 강한 확신이 있었고 '무조건 된다고 할 수 있다. I can do it.' 이렇게 맘속으로 수십 번을 외치고 다녔다. 나르

시시즘처럼 나 자신을 강하게 믿었다.

내가 이렇게 강한 믿음을 보이니 결국에 아내가 부모님께 알려서 일을 더 크게 만들면서 부모님도 아는 것이 없고 해본 적이 없으니 반대가 역시 막강하였다. 당분간 아내와 대화를 조금 단절하고 부모님과의 관계에 조금 소원해지기로 마음을 먹었다. 서글펐지만 어쩔 수 없는 부분이었다. 이 일을 하고자 하는 목적은 나 혼자 잘 먹고 잘살자고 하는 것이 아니라 가족의 행복을 위해서 하는 것이었다는 당위성과 명분이 있었다. 좀 더 나아가서는 나의 만족과 성취감도 있으므로 무조건 밀어붙였다. 경매 공부를 했기 때문에 할 수 있었고 자신감이 있었다. 설령 경매에서 패찰을 해도 다시 돈을 돌려받을 수 있다. 낙찰 이후 명도(사람 내보내기) 과정에서 중간에 조금 늦어지더라도 법은 결국 낙찰자의 편이기 때문에 두려움은 없었다. 결국, 낙찰을 받고 명도까지 하고 도배 장판 수리 등의 인테리어를 마치고 세입자를 들여서 건물주로 살고 있다.

여러분들도 꿈꾸고 있는 일, 하고 싶은 것이 있는가? 이것을 생각하면 가슴이 웅장해지고 마음속 깊은 곳에서 끓어오르는 것이 있을 것이다. 하지만 주변의 격려나 응원이 아닌 반대만 한다면 때론 역으로 해봄직도 하다. 어차피 한 번밖에 없는 나의 인생이지 않은가? 주어진 결과에 책임을 지면 되는데 굳이 그렇게 반대를 할 이유는 없다.

약간의 확신이라도 생긴다면 도전해보길 바란다. 할까 말까 고민을 할 때는 하는 것이 정답이다. 갈까 말까 고민이 든다면 가는 것이 해답이다. 확신과 꿈이 있다면 한 번쯤은 밀어붙여 보자. 삶의 확신을 가지자. 망설이기만 하기엔 너무 긴 인생이다. 처음부터 잘하는 사람은 없다. 넘어지면서 실패하면서도 배우는 것이다. 처음부터 갖추고 시작을 하는 사람은 거의 없고 무언가 부족하지만, 그것을 채우면서부터 역사는 시작되는 법이다.

"제일 중요한 일 하나에 집중하라. 그다음은 생각하지도 마라."

— 피터 드리커 —

## Day 22

# 마이너스 감정
# 없애기

🌙 나는 건조한 피부를 가지고 있다. 그나마 따뜻한 봄여름에는 손의 피부 상태가 나쁘진 않다. 하지만 추운 겨울철이 다가오면 나이 드신 어르신들의 손처럼 거칠어진다. 안 그래도 못생긴 손인데 건조한 피부라 사람들하고 만날 일이 있거나 대면을 하게 될 시에 악수를 보통 하는데 겨울철에 손을 내미는 것이 부끄러웠다. 거친 피부를 보여주기 싫었고 소위 말해서 쪽팔렸다. 겨울만 되면 까칠까칠해지는 손이 핸디캡이었다. 사람들 앞에 나서기를 싫어하지 않는 나지만 덩달아 손 때문에 자연스레 자신감도 낮아졌다. 그래서 추운 겨울은 나에게 좋지 않은 계절이었다. 하지만 이대로 있을 수만은 없는 법. 자신감 극복을 해야 하기에 생각한 것이 핸드크림이었

다. 핸드크림이 있어서 바르면 손이 촉촉해지고 고보습의 핸드크림이라면 여자 손 뺨칠 정도로 부들부들해진다. 기분이 좋아지면서 자신감도 덩달아 올라간다. 좋은 향까지 나니 핸드크림이 감사한 물건이 되었다.

우리들의 마음속에도 거친 것들이 자리 잡고 있다. 자격지심, 열등감, 패배의식, 부정적인 의식과 사고, 과대망상 등 온갖 나쁜 거친 마이너스 감정들이 마음 한편 후미진 곳에 사로잡고 있다. 우리들의 마음속에 자신감, 자부심, 자존감, 긍정적 사고, 감사 등등 플러스 감정만 있으면 좋을 텐데 마이너스 감정과 플러스 감정이 공존한다. 마이너스 감정을 대패로 밀어버릴 수 있다면 밀어버리고 싶었다.

나 또한 사람인지라 마음속의 마이너스 감정들에 사로잡힌 적들이 많았다. 자신을 탓하기 이전에 사람을 원망하고 불평불만하고 이로 인한 열등감과 자격지심은 덤으로 따라왔다. 나 자신이 잘못한 것을 더 들여다보고 생각해 봤으면 이런 감정 따윈 생기지 않았을 텐데 마이너스 감정으로 인해 내 삶이 괴로워지고 힘들어지다 보니 해결방안을 찾아야만 했다. 손이 거칠어 핸드크림을 발랐던 것처럼 내 맘속을 촉촉해지게 만들어줄 무언가를 찾아야만 했다. 몇 날 며칠 고민을 하다가 예전보다 촉촉해진 나 자신을 발견하였다. 마이너스 감정에 사로잡혀 삶이 힘들고 괴로운 나날을 보내고 있다면 어떻게 해야 할까?

첫 번째로 글을 써보는 것을 권해본다.

"엥? 글이라는 것을 써보라고요? 저는 글 하나도 쓸 줄 모르는데요?"

"글이라면 딱 질색입니다. 책도 거의 안 읽는데 글이라고요? 말도 안 됩니다."

잘은 못써도 글을 즐겨 쓰고 책을 즐겨 읽는 분들은 글을 쓴다는 것이 쉬운 일처럼 느껴진다. 하지만 글을 쓰는 것에 관해 부담을 느끼고 글쓰기에 질색하는 분들도 있다. 하지만 내가 말하는 글이라는 것은 자기의 감정, 생각 등을 그냥 천천히 적어보는 것이다.

'이래서 기분이 나빴고 저래서 기분이 나빴다. 사람들은 왜 나의 마음을 몰라주는 거지?'

마치 친구에게 하소연하듯이 그냥 끄적거려 보는 것이다. 이렇게 글을 쓴다는 것은 눈으로 바라보고 머릿속의 있는 내용을 손으로 직접 적음으로써 내 생각과 감정을 종이에 뱉어낼 수 있다. 이렇게 하다 보면 막연히 머릿속에 있던 생각들이 정리됨으로써 스스로 긍정적인 답을 찾는데, 조금이나마 도움이 됨을 느낄 것이다.

두 번째로 책을 읽는 것을 권해본다. 갈수록 가관이다. 글을 쓰는 것도 만만치 않은 힘든 일인데 책을 읽으라고 하다니 어이가 없다. 차라리 '술을 한 잔 마시고 그냥 잊어버리거나 욕하고 말지.'라고 생각할 것이다. 글 쓰는 것도 어렵고 책을 읽는 것은 더 어렵다고 생각을 한다. 하지만 독서를 하는 목적은 가성비 있게 돈을 많이 안 들이고 타인들의 경험을 글로써 간접체험을 하려는 것이다. 책에서 배운다고 하지 않는가? 본인의 감정이 마이너스일수록, 부정적일수록 자기계발서 혹은 나와 비슷한 고민을 한 책들을 찾아서 읽어봄으로써 저자의 경험과 생각을 나에게 대입할 수 있다.

'아 저자는 이랬구나! 나랑 완전 비슷했네(똑같았네)? 이렇게 하면 되겠구나.'

책을 읽다 보면 깨달음이 오고 해결방안을 찾을 수 있으며 책에서 용기와 지혜를 얻을 수 있을 것이다.

세 번째로 몸을 움직여 보길 권해본다. 생각하면 행동으로라는 말이 있다. 마음속에 담고 있는 것을 실천하는 것인데 머리에 복잡한 생각, 열등감, 좌절감 등 마이너스 감정이 있을수록 움직여야 한다. 생각을 길게 하지 않고 실천하고 움직이는 것이 좋다. 그렇지만 맘 한편에 마이너스 생각들이 너무 강력하게 자리 잡고 있다면 쉽지 않을 것이다. 그럴 때는 본인이 하고 싶은 일, 하고 싶었던 일들을 상상을 해보는 것이다. 기분이 좋아질 것이다. 인터넷이나 핸드폰 등으로 검색하여 예쁜 사진, 좋은 영상 등을 찾아본다. 들어보고 직접 봐 보고 가고 싶은 장소 또한 검색해본다. 마이너스 감정을 소모할 수 있고 소거할 수 있는 제일 좋은 방법의 하나가 바로 몸을 움직이는 것이다. 첫 번째 두 번째와 다르게 부담감이 덜하리라 생각한다.

마지막으로 성취 경험을 늘려보길 권해본다. 본인의 마음속에 마이너스 감정들이 가득 차 있다고 한다면 사소하고 보잘것없이 보이는 것이라도 성취 경험을 해보는 것이 굉장히 좋다. 무언가를 성취했다는 것은 본인에게 긍정적인 생각을 구축하는 데 도움이 된다. 본인 스스로 생각했을 때 타인의 눈치를 전혀 보지 않고 스스로 이 정도는 성취할 수 있겠다 싶은 목표를 설정해 보길 바란다. 그렇게 하고 난 이후 하나씩 성취해 나가는 것이다. 이렇게 되면 자신감이 조금씩 상승하면서 플러스 감정이 살아나기 시작할 것이다.


가장 중요한 것은 이런 방식으로 살려고 노력은 하되 자신을 인정하는 노력이다. 사람은 쉽게 바뀌지 않는다고 하지 않는가? 나는 원래 이런 놈이기 때문에 나라는 사람을 인정하자. 하지만 바꾸지 않겠다는 말은 결코 아니다. 인정하는 가운데 조금씩 바꾸어 나가야 한다. 설령 위 네 가지의 각고의 노력에도 불구하고 바뀌지 않는다고 한다면 그냥 나 자신을 인정하고 살아가는 수밖에 없다. 나 자신을 더욱 사랑하고 미워하지는 말자. 마음속의 자그마한 상처와 마이너스 감정에 꼭 스스로 격려와 칭찬, 인정, 사랑 등의 핸드크림을 발라주길 바란다.

한편 격려, 칭찬, 인정, 사랑의 핸드크림으로 인해 극복되었다고 한다면 타인의 마음을 어루만져주고 발라주자. 가슴이 따뜻한 사람으로 살아가는 것도 보람될 것이다. 서서히 변화가 되어가는 모습에 맘 한편이 훈훈해짐을 느낄 수 있으리라 생각한다.

> "우리는 우리 자신에게 물어보아야 한다. 내가 원하는 것이 싸움에서 얻는 이득인가? 아니면 깊이 사랑하는 관계에서 느끼는 만족감인가?"
>
> — 데이비드 번즈 박사 —

# Day 23

# 솔직함이
# 때로는 미덕이다

🌙 토끼 사냥이 끝나면 사냥개를 삶아 먹는다는 뜻으로써 필요할 때 중요하게 쓰고 필요가 없으면 매정하게 버려버리는 비정한 인간 세상을 꼬집은 토사구팽이라는 고사성어가 있다.

사회생활을 하다 보면 한없이 착한 분들이 있다. 누가 봐도 착하고 선하게 보이고 선하게 행동을 한다. 무례함을 거의 찾아볼 수 없을 정도이다. 왜 이렇게 착하게 선하게 행동을 하는 걸까?

다 퍼주고, 도와주고 자기의 이익은 정작 못 챙기면서 남들에게는 그렇게 잘할 수가 없다. 마치 착한 사람 콤플렉스처럼 늘 착하게만 살아가려고 한다. 착한 사람 콤플렉스는 주로 착하거나 말 잘 듣는 것은 좋은 것, 착하지 않거나 말 안 듣는 것은 나쁜 것으로 규정하는데, 이것은 타인의 판단을 절대적으로 신뢰하는 것이다. 이러한 규정은 '착하지 않으면 사랑받을 수 없다.'라는 믿음에서 기인한다.

이러한 믿음은 자신이 처한 상황에서 만들어지며, 고착되고 얽매여 생활하게 된다. 이에 따라 타인의 눈치를 보고 타인이 하는 말에 집중하며 갈등 상황을 피하고 타인의 요구에 순응한다. 그리고 자신이 타인에게 착하게 행동하고 있는지, 타인도 그렇게 생각하는지 계속 눈치를 보며 확인한다. 반면 자신의 느낌이나 욕구는 억압하기에 언제나 마음은 위축되고 우울한 감정으로 가득 차게 된다. 또한, 우리는 어렸을 때부터 이렇게 교육을 받고 성장을 하였다.

"착하게 살아야지 복을 받지. 남의 눈에 눈물 나게 하면 내 눈물에는 피눈물 나."

흥부 놀부 이야기를 보더라도 권선징악을 강조하면서 착하게 살 것을 교육을 받았다. 그래야지만 복을 받는다고 하니 착하게 선하게 살아가려고 한다. 안타까운 것은 이렇게 착하게 살아가는 사람들이 남들에게 악한 말도 못 하고 당하면서 살아간다는 점이다. 남에게 말로써 상처를 입히지 않고 그냥 혼자서 끙끙 앓으면서 참고 또 참고 살아간다. 착하게 살아가는 사람들은 결국 누군가에게 먹잇감(?)이 되곤 한다. 모두에게 다 좋은 사람 착한 사람이 되고 싶지만 그럴수록 더욱 호구가 되어간다. 부당한 일들을 많이 당하게 된다. 사회초년생들이 사기를 많이 당하고 열정페이를 강조 당하며 회사에서 헌신하는 예가 바로 이런 게 아닐까 싶다.

'초년생이니 예의 바르게 착하게 행동하고 회사에서도 밖에서도 착하고 예의 바르게 행동해야지.' 이런 생각들이 지배하면서 부당한 일을 당한다. 그저 이용만 당하고 결국 단물만 쭉 빨아먹고 버려지는 경우를 종종 본다. 바로 토사구팽의 전형적인 예이다.


그래서 때로는 솔직한 사람이 되는 것이 좋다. 할 말이 있다고 한다면 꼭 해야 한다. 무언가 음흉하게 마음속에 숨기고 있는 것은 미덕이 아니다. 누군가는 이렇게 이야기를 한다. "상대방을 진심으로 생각한다면 굳이 내 마음속에 있는 그대로를 다 이야기할 필요가 있냐? 말을 해야만 꼭 직성이 풀리는지? 그러다가 듣는 상대방이 지쳐서 인간관계가 꼬이면 어떻게 할 것이며, 누군가에게 조언할 때에도 몇 번이고 깊이 고민을 해봐야 한다."

하지만 마음이 시원하지 못하면 본인에게도 결코 좋은 것이 아니고 심한 경우 강박증 등 정신적 질병으로까지 나타날 수도 있다. 심리적 괴로움에 시달리기도 한다. 그렇지만 감정표현을 할 때 전제조건이 있다. 바로 자기의 의무와 책임을 다한 상태에서 감정표현을 하는 것이다. 이런 것이 아니라면 무례함이 되는 것이다. 솔직함과 무례함은 완전 다른 개념이다.

솔직함은 문제가 생겼을 시 필요한 만큼 속마음을 드러내는 것이고 무례함은 상대방의 감정을 생각하지도 않은 채 함부로 말하는 것이다. 감정표현을 적당히 하지 않고 자기의 감정을 있는 그대로 다 드러낸다는 것은 성숙하지 못한 무례함이다. 착한 사람 콤플렉스에 사로잡혀 호구로 살기보다는 무례함이 아닌 솔직함을 드러내는 것이 때로는 삶의 지혜가 될 수 있다. 하지만 토사구팽이 아닌 '상대방이 진심으로 선의를 가지고 나를 대하려고 하였을 때도 솔직하게 표현을 해야 하느냐?' 고민이 될 것이다. 몇 번의 대화를 나누고 행동거지를 보면서 판단을 하면 될 듯하지만, 그 판단이 오판될 수도 있으므로 계속 겪어보고 만나보면서 판단을 할 수밖에 없다.

양파처럼 까도 계속 신비롭고 새로운 것보다는, 속이 음흉한 것보다 솔직한 것이 훨씬 낫다. 너무 솔직해서 인간관계가 멀어진다고 한들 두려워하지 말아야 한다. 상대방이 솔직한 것이 좋지 않고 숨기는 것이 미덕인 양 생각을 한다면 그 사람과는 인연이 아닐 수도 있다. 세상은 넓고 사람은 많다. 만나야 할 사람, 만나고 싶은 사람이 너무 많이 있는데 그 사람에게 굳이 목맬 이유는 없다.

"승자의 입에는 솔직함이 가득하고 패자의 입에는 핑계가 가득하다."

– 작자 미상 –

# Day 24

# 소 잃고 외양간이 무너져도
# 고치면 된다

🌙 어느 날 차를 타고 가는데 차가 갑자기 덜덜거리면서 연기가 나는 것이었다. 굉장히 당황하였고 불안하였다. 뉴스에서 나오는 차량 화재사고의 주인공이 내가 되는 것이 아닌가 싶었다.

"도대체 무슨 일일까? 왜 이러지?"

바로 차량의 비상등을 켜고 차의 시동을 끄고 내려 보니 연기가 계속 나면서 타는 냄새가 나는 것이었다. 보험사로 전화를 해서 긴급견인을 하여 정비소에 입고를 시켰다.

"사장님 차량의 팬벨트가 끊어졌네요. 팬벨트가 끊어져서 차가 덜덜거리고 연기가 나는 거예요."

"대략 몇만 킬로 정도 타셨나요?"

"16만 킬로 조금 넘게 탔는데요."

"평소 팬벨트 점검해 본 적 있으셔요?"

나는 남자치고 차에 대한 욕심도 없고 차에 대해 무지하다. 차량은 그냥 굴러다니면 되고 편안하게 이동해 주는 수단 그 이상 그 이하도 아니었다. 그래서 점검 자체를 생각해본 적이 없었다. 그냥 엔진오일, 미션오일, 브레이크 오일 등 간단한 오일교체만 하고 자동차 정기점검만 받았을 뿐이다.

"아니 전혀요. 팬벨트 점검받아본 적 전혀 없는데요. 왜요?"

"그렇군요. 보통 팬벨트는 평균 50,000킬로 정도에 한 번씩 점검을 받아야 하는데 그래도 사장님은 점검도 안 받고 오래 잘 타고 다니셨군요. 벨트를 교체하고 난 이후에 앞으로는 꼭 정기적으로 미리 점검을 받아보시길 바랍니다. 차량은 목숨과 직결되는 것인데요. 평소 관리가 정말 중요합니다."

입고시키고 하루 정도 지나니 팬벨트 교체 이후 다시 차를 잘 타고 다닐 수 있었다.


사람이 살다 보면 어떠한 일이 벌어질지 아무도 모른다. 앞날을 내다보는 능력이 무속인이 아닌 이상 우리에게는 없다. 앞날을 아무도 모르기 때문에 어떠한 일에 대비하고 살아야 한다. 일이 생기기 전에 미리 무언가를 준비하고 점검을 해야 한다.

소를 잃고 외양간을 고치면 무슨 소용이 있을까?

소를 잃고 외양간을 고친다는 속담은 너무 유명해서 익히 잘 알고 있는 속담이다. 이미 잘못된 뒤에는 손을 써도 소용이 없거나 너무 늦음을 비판하는 속담이다.

"아이고 내가 그때 왜 그랬을까? 더 일찍 할걸. 진작 외양간 고쳐놓을걸."

이렇게 후회를 하고 눈물을 흘리고 두 번 다시 절대로 이런 실수를 하지 않으리라 다짐을 한다. 자기가 하려는 일이 잘못되었음에도 그걸 시행하거나 그 일로 인해 일어날 결과를 모른 채 간과하다가 나중에서야 자신의 행동을 후회해도 소용이 없다. 이미 버스는 지나갔다. 그때야 땅을 치고 후회를 해도 전혀 소용이 없는 법이다.

안전 차원에서 정기적으로 보수해야 하는 시설 등을 제때 보수하지 않거나 안전수칙을 가볍게 여기다가 사고를 당하고 나서야 후회하고 뒤늦게 보수작업, 복구 작업을 하는 경우를 주변에서 쉽게 볼 수 있다. 훗날 건강을 잃고 돈을 잃고 기타 여러 가지 것들을 잃고 후회하는 일은 없어야 한다. 나 또한 평소 차량을 잘 관리하고 점검했더라면 저런 일은 발생하지 않았을 것이다. 나 또한 이런 일을 당했으니 주기적으로 점검을 잘 받아보려고 한다. 반면 다르게 생각해볼 필요가 있다. 모든 일은 양면성이 있고 생각하기 나름이다.

어차피 당한 일 이미 엎질러진 물이다. 소를 잃고 외양간은 무너졌는데 손을 놓고 망연자실하고 있는 것도 결코 좋은 것이 아니다. 후회만 하고 있을 수는 없는 법이고 무너진 것은 기정사실로 된 것이다. 무너져서 소가 죽었는데 어쩔 수 없다. 지나간 것은 후회하지 말아야 한다. 오히려 망연자실하고 손을 놓아버리면 더 큰 사고가 유발될 수도 있고 더 큰 손실을 일으킬 수도 있다. 외양간이 무너졌다면 다시 고치고 수습을 해야 한다.

어떠한 이유로 실패가 있었다고 하더라도 좌절을 하기엔 너무 시간이 아깝다. 실패가 있었다고 한다면 어떠한 이유에 의해서 무엇 때문에 그렇게 되었는지 철저한 자기비판과 반성의 시간을 가져야 한다. 두 번 다시 이런 일이 발생하지 않으리라 다짐하면 된다. 그 다짐을 몸소 실천만 하면 되는 것이다. 아는 지식을 행하지 않았다면 그것은 죽은 지식에 불과하다. 다만 너무 자책하거나 괴로워하지 말고 긍정적으로 생각해보자. 이런 사고가 발생하였기 때문에 자기 자신을 돌아보게 되고 자신의 내면이 더욱 단단해지는 것이다. 흔히들 이야기하는 액땜했다 하는 식의 사고는 지양해야 한다. 외양간이 무너져 소를 잃어봤기 때문에 다른 외양간의 수리도 가능한 것이다. 이런 사고가 없었다고 한다면 외양간 수리를 하려고 했을까?

　화가 솟구치고 짜증 나는 힘든 인생이지만 가끔은 소풍 같은 인생도 있으니 인생은 살만하다. 이래도 좋고 저래도 좋다. 소를 잃고 외양간을 점검하고 안 무너지는 것이 가장 최상이겠지만 무너지면 다시 고치면 된다. 실패는 성공의 어머니이다.

"나쁜 습관은 고치는 것보다 예방하는 것이 더 쉽다."

– 벤저민 프랭클린 –

# Day 25

# 내려놓는 것도
# 할 줄 알아야 한다

🌙 하루하루 삶 자체가 너무 고단하고 힘든 남자가 스님을 찾아갔다고 한다. 스님에게 이렇게 물었다.

"스님, 저는 하루하루 삶 자체가 너무 고단하고 매일 스트레스가 심해서 삶이 불행합니다. 어떻게 하면 제가 행복하게 살 수 있을까요? 행복하게 살 수 있는 비결 좀 가르쳐 주세요."

그 남자의 말을 들은 스님이 대답하지 않고 갑자기 부탁하는 것이었다.

"제가 지금 정원을 가꿔야 하는데요. 그동안 이 가방을 잠깐 가지고 있을 수 있겠습니까? 그렇게 무겁지는 않을 것입니다."

"네, 그 까짓것 무거운 것도 아닌 것 같은데 제가 가지고 있지요."

행복의 비결을 가르쳐 달라고 하였건만 오히려 부탁을 받고 당황하기는 했지만 남자는 스님의 부탁을 수락하였고 스님은 정원을 가꾸기 시작하였다. 그런데 30분이 넘어도 스님의 정원 가꾸기는 끝나지 않고 계속되는 것이었다. 30분이 지나자 남자는 점점 어깨가 쑤셔오고 아파져 오면서 허리까지 아파졌다. 남자는 점점 짜증이 나기 시작하였다.

'행복의 비결을 가르쳐 달라고 하는데 왜 내게 이런 짐을 맡기는 거야? 젠장.'

참다못한 남자가 스님에게 소리를 쳤다.

"아니, 스님 행복의 비결을 가르쳐 달라고 했는데 대체 왜 저에게 이런 짐을 맡기는 겁니까?"

그 소리를 들은 스님은 심드렁한 표정으로 이야기를 하였다.

"무거우면 내려놓으면 되지 왜 이때까지 메고 계셨습니까?"

뒤통수를 맞은 듯이 그제야 남자는 깨달음을 얻을 수 있었다. '행복해지려면 내려놓으면 되는구나.'


우리는 늘 잘살고 싶고 행복하게 살려고 한다. 그래서 늘 집착을 하면서 살아간다. 어떠한 사람은 물질에 혹은 남편(아내)에게, 아이에게 집착하고 헌신한다. 어떠한 사람은 집을 소유하고자 집착을 한다. 물질이 많으면 행복한 줄 알고 주야를 가리지 않고 일을 한다.

나는 지금 생각해보니 완벽주의자였다. 무언가 일을 확실하게 끝맺어야 직성이 풀리는 그런 성격이었다. 직장 일이건 사생활 측면에서의 일이건 완벽하게 하려고 노력하였다. 학창 시절 부유하지 못한 부모님 밑에서 성장하다 보니 물질에 대한 소유욕이 많았다. 그래서 물질에 대한 집착과 완벽함의 성향으로 인해 아내가 힘들어하고 아내랑 종종 다투는 일들도 생겨났다. 물질에 대한 집착과 완벽주의적인 성향으로 머리가 빠지는 사태에까지 이르렀다.


1994년 5월 희대의 패륜아 박한상이 부모를 살인한 사건 기억나는가? 뉴스에 대대적으로 보도되었는데 부모가 박한상에게 물질적으로 잘해주었다고 한다. 당연히 자녀니깐 그렇게 했을 터. 그리고 부모의 뜻을 따라서 살아가길 원했다. 자녀의 성공을 위해서 미국 유학을 보냈는데 박한상은 과도한 빚을 떠안고 귀국하여 빚을 갚아달라고 요구를 하였다. 그렇지만 자녀의 욕구를 채워주지 못해 원한을 품고 부모를 살해하게 된 사건이 패륜아 박한상 사건이다. 결국은 부모의 집착, 자식을 잘되게 하기 위한 부모의 욕심 때문일 것이다. 이렇게 살해되리라 생각이나 했겠는가?

연인 간의 사랑이 아닌 집착 또한 스토킹이라는 범죄로 이어진다. TV 뉴스나 신문 기사에서 집착으로 인한 폐해를 쉽게 볼 수 있다. 이러한 집착은 결국 큰 화를 불러온다.

목표를 향해서 집착하면서 달려가는 분들이 계시다고 한다면 조금 놓아주는 내려놓는 연습을 해보자. 감당 못 할 일들을 혼자 메고서 아등바등 살아가려고 하는가? 물론 감당이 되는 범위 내에서는 해도 된다. 문제는 감당이 안 되는 범위 내에서 하려고 하는 것이다. 그렇게 함으로써 나 자신과 주변인들이 힘들어진다.

회사 사람들 간의 갈등으로 홧김에 일을 그만두고 과도한 대출을 받아 자영업을 하게 되어 순이익이 많이 나면 문제가 안 된다. 하지만 순이익이 아닌 적자 내지는 근근이 입에 풀칠하고 감당이 되지 않는다면 자신도 힘들어지고 가족들과의 갈등이 생긴다. 순간의 감정이 이성을 마비시키는 것만큼 위험한 것이 없다. 하지만 그 마음의 짐들을 땅에 털썩 내려놓으면 별것 아닌 일들이 된다. 내려놓으면 천지개벽할 것처럼 큰일이 생길 줄 알았는데 오히려 바뀌는 것은 별로 없고 더 좋아지고 편안해진다. 나 또한 머리카락이 빠지고 사태에 대한 심각성을 깨닫고 물질에 대한 집착을 다소 내려놓으니 마음이 편안해졌다.

완벽주의가 주변 사람들을 힘들게 한다는 것을 인정하자. 완벽주의 때문에 주변의 동료나 지인, 친구는 하나둘씩 떠나가게 된다. 나 자신의 능력 안에서 실현 가능한 목표를 수립하자. 어느 정도는 실수를 허용할 줄 아는 인간적인 사람이 되어야 한다.

너무 깨끗한 물에서는 물고기가 살기 힘들다. 한편 다른 사람들의 처지에서도 한 번쯤은 생각해보아야 한다. 나는 할 줄 알지만, 그 사람은 못 할 수도 있고 능력이 부족할 수도 있다. 처지를 바꿔 생각하지 않고 나 중심으로 생각하니 정신적인 고통이 올 수밖에 없다.

'그 사람은 왜 그렇게 못하는 거야? 도대체 이유가 무엇일까? 아 짜증 나네.'

이러한 마음들이 조금씩 쌓이고 쌓이다 보면 결국 정신적, 육체적 문제들이 야기된다. 상대방에게 화를 낸다고 하여도 분이 풀리지 않는다. 화를 내면 고쳐질 것 같다고 생각되지만 결국 본인만 더 힘이 든다.

'그 사람으로서는 당연히 그럴 수도 있겠구나. 내가 이해하자.'

이런 대인배 같은 마음으로써 정신적인 고통은 줄어들고 인간관계가 좋아지는 것은 덤으로 따라오게 된다. 하지만 욕심을 아예 안 부리는 것이 아니라 적당한 욕심은 필요한 법이다. 과도한 욕심이 문제이다. 무엇이든지 넘치는 것이 탈이 나고 해가 된다. 과도한 것은 아니 한만도 못하다. 스님도 이런 것을 알기에 부탁을 통해서 하나의 깨달음을 남자에게 줄 수 있었다. 집착과 과도한 욕심을 내려놓은 것만으로도 인생은 좀 더 행복해지고 풍요로워질 것이다. 나의 것, 나의 소유 같지만, 훗날 하늘의 별이 될 때는 버려두고 떠나야 한다.

인생은 공수래공수거(空手來 空手去)라고 한다. 빈손으로 왔다가 빈손으로 가야 하는 것이 인생이다. 있으면 좋겠지만 없으면 없는 대로 사는 것도 나쁘지 않다. 하지만 오해는 말자. 많은 것을 포기한 나태함으로 인한 부족함, 없음이 아닌 노력 가운데 채워지지 않더라도 그렇게 사는 것도 나쁘지 않다는 것 그것이 괜찮은 인생이라는 것이다.

"자신이 지금 가지고 있는 것으로 만족을 할 수 없는 사람은 그 사람이 가지고 싶어 하는 것을 다 가진다고 하더라도 만족하지 못할 것이다."

– 소크라테스 –

## Day 26

# 사람을 바꾸는
# 피그말리온 효과

🌙 고대 그리스 시대에 피그말리온이라는 인물이 있었다. 그에게는 어떤 이유인지는 모르겠지만 세상의 모든 여인을 혐오하였다. 결국, 그는 자기만의 이상향을 담은 아름다운 여인 조각상을 만들게 되었고, 그 여인상의 이름을 갈라테이아라고 지었다. 그는 갈라테이아를 진심으로 사랑하였다. 여신 아프로디테의 축제일에 여신께 제물을 바치면서까지 자신의 소원을 간절하게 빌자 마침내 기적 같은 일이 발생하게 된다. 피그말리온의 간절한 기도에 감동한 아프로디테가 여인상에 생명을 불어넣어 주게 된 것이다. 그렇게 생명을 얻은 갈라테이아는 피그말리온과 행복하게 살았다.

피그말리온 효과는 타인의 관심이나 기대 때문에 능률이 오르거나 결과가 좋아지는 현상을 뜻한다. 강력한 상대방의 믿음으로 인해 상대가 그 믿음대로 충분히 바뀔 수 있다는 것이다. 비록 설화지만 피그말리온이 갈라테이아 여인상을 만들어 간절하고 원하고 기대하여 결국 원하는 바를 얻을 수 있었던 것처럼 말이다.

친한 친구 이야기를 해보고자 한다. 친구는 재민(가명)이라는 6살 아들을 키우고 있다. 그 나이가 되면 자아가 생기면서 고집도 생기고 부모와 다툼이 자연스럽게 많아진다. 재민이도 예외가 아니었다. 재민이를 키우다 보니 친구와 아내를 힘들게 한 적이 많았다고 한다. 아이를 키워보신 부모님들은 다 같은 마음일 것이다. 부모의 뜻대로 성장하면 좋을 것 같고, 부모의 뜻을 따라주면 좋겠지만 부모의 마음과 뜻과 다르게 행동하는 모습을 보면서 짜증이 솟구치고 화도 난다. 처음에는 좋은 말로 타이르고 얼래고 달래보지만 이런 말들이 한계에 부딪혀 혼낸 적도 있고 벌도 세워보았다고 한다. 결국, 재민이도 힘들었고 친구 또한 마음의 상처만 남았다. 혼을 내고서 마음이 너무 아파 아이가 자고 난 이후 홀로 술을 마시면서 이런 생각을 해보았다고 한다.

'도대체 나는 재민이에게 어떤 것을 원하는 것일까? 아이가

어떻게 성장을 하길 원하는 것일까? 말 잘 듣는 아이? 착하고 순종적인 아이?'

그렇지만 순간 드는 생각이 '재민이는 나의 소유물이 아니다. 아이는 아이일 뿐이다.'였다고 한다. '아이는 하나의 인격체이다. 내가 왜 아이에게 요구하고 나의 뜻대로 되길 원하지?' 자신이 이때까지 재민이에게 했던 모든 생각과 행동들이 나의 뜻과 생각에 따라 되지 않아서 마냥 속상하고 힘이 들었던 것 같았다고 고백하였다. 엄마 아빠의 말 잘 듣고 엄마 아빠에게 순종적이고 착한 아이이기를 원했는데 그것이 되지 않아서 속상했던 것이었다.

마음과 행동을 바꿔서 내 생각, 아내의 생각대로 재민이를 키우는 것이 아니라 그냥 하나의 인격체로 봐야겠다고 생각했다고 하였다. 예전과 다르게 별것 아닌 일에 폭풍 칭찬을 해주었다고 한다. 더 안아주고 사랑을 해주었고 인정과 격려를 해주면서 다른 집의 아이들과 비교를 하지 않았다고 하였다. 비교를 해봤자 무의미한 것이기에. 재민이는 재민이대로 잘 자라고 있고 무엇보다 사랑하는 재민이와 갈등을 겪고 싶지 않았다고 한다. 그래서 친구와 아내의 속을 썩이던 재민이는 점점 편안해지고 순한 양처럼 변하는 것을 느낄 수 있었다고 한다. 좋은 옷, 맛있는 음식을 제공한 적이 별로 없지만 아이는 조금씩 변해가고 있었음을 느꼈다고 고백하였다.

"이놈은 벌써 싹수가 노래요. 이놈은 글러 처먹었어요."
이렇게 생각하시는 부모님들이 계시다고 한다면 친구처럼 마음을 한번 바꿔 먹어 보시길 바란다. 부모의 사랑과 인정을 듬뿍 받은 아이들은 반드시 변화가 일어난다. 아이를 믿지 못하는 부정적인 믿음을 가지면 아이의 잠재력을 발휘하기도 전에 잠재력의 새싹을 밟아버리게 되는 것이다. 아이들의 재능 발현은 어떤 시기에 어떻게 될지 아무도 모를 일이다. 피그말리온 효과처럼 진심으로 아이에게 애정을 쏟고 능력을 인정하는 말을 하면 반드시 변화가 일어날 것이다.

자녀가 아닌 일반 인간관계에서도 마찬가지다. 그 사람이 밉고 마음에 들지 않는다고 하더라도 사람에게는 누구에게나 배울 점은 한두 가지 있게 마련이다. 어린아이에게도 배울 점이 있다고 하지 않는가? 그 사람에게도 긍정적인 면, 장점을 찾아보고 격려 및 칭찬을 해준다고 한다면 변화가 일어난다.
"너무 이상적인 거 아닌가요? 고작 그 격려와 칭찬을 해줘서 변화가 일어난다면 얼마나 좋을까요? 그런데 격려 및 칭찬을 해줘도 변화가 일어나지 않으면 어쩌죠?"

이렇게 노력하여 변화가 일어나지 않는다고 하더라도 어쩔 수 없는 일이다. 사람은 다른 성향을 가지고 있으므로 그 사람이 변화되지 않아서 스스로가 힘들다고 한다면 만나지 않으면 된다. 이런 일로 고민을 할 이유는 없을 것 같다. 직장 내에서도 어떠한 동료직원이 변화되길 원한다면 칭찬 및 격려를 해봄이 어떨까?

하지만 여기서 제일 중요한 것은 나 자신이다. 나 자신이 나를 사랑해야 한다. 자기애라고 해석되는 나르시시즘이 필요하다. 아무리 타인을 존중과 사랑, 인정 격려를 해주어 그 사람이 바뀐다고 한들 내가 없다면 무용지물이다. 내가 나를 믿어야 하지 내가 나를 믿지 못하면 믿어줄 사람이 누가 있을까? 주변에 비난과 조롱 등의 세찬 공격이 들어와도 끄떡없는 나에 대한 믿음. 강한 정신력과 강한 마음의 갑옷을 입어야 한다.

'그래, 난 할 수 있어. 사람이 살다 보면 그럴 수도 있지 뭐.'

다른 사람을 존중하고 인정 격려하여 바뀌는 것을 목격했다면 충분히 나 또한 자기 자신 또한 스스로 격려와 인정을 통해서 나 자신을 바뀌는 것을 경험해 보아야 한다. 여기서 전제조건은 제대로 일 처리나 올곧게 행동을 해야 한다는 것이다. 제대로 된 일 처리가 아니고서 "이 거지 같은 세상 왜 세상은 나를 몰라주는 거야?" 아무리 외치고 떠들어봐도 허공 속에 메아

리일 뿐이다.

　피그말리온 효과처럼 자신이 바뀌고 변화가 되기를 더 간절하게 원하고 기대해 보고 마음에 있는 어떠한 생각을 직접 행동으로 옮겨야 한다. 행동하지 않으면 아무런 일도 일어나지 않는다. 스스로 가치 있는 존재임을 인식하고, 인생의 역경에 맞서 이겨낼 수 있는 자신의 능력을 믿어야 한다. 자신의 노력에 따라 삶에서 성취를 이뤄낼 수 있다는 믿음을 가져봤으면 한다.

　　"믿음이 부족하면 도전하기를 두려워한다. 나는 나 자신을 믿는다."

－ 무하마드 알리 －

## Day 27

# 성취동기, 성장동기,
# 결핍동기

🌙 성장 과정에서 힘들게 살았던 분들, 가정환경이 어려웠던 분들은 성공하는 예가 많다. 내가 존경하고 닮고 싶은 국민 강사 김창옥, 김미경 명강사 두 분이 있다. 대한민국을 대표하는 두 강사분의 강의는 재미있고 유쾌하고 메시지가 있는 울림이 있는 강의들을 많이 하신다. 두 강사분의 이야기를 듣고 있으면 성장 과정에서의 결핍으로 인해 지금까지 성공과 성장을 했다고 느낀다. 유명한 연예인들 또한 보면 어릴 때의 환경이 좋았던 분들도 계시지만 안 그런 분들 또한 성공의 가도를 달리는 분들도 계신다. 결국, 결핍이 있다 보니 그것이 구체화를 하여 꿈으로 승화가 되었다.

매슬로라는 심리학자가 있다. 생리적 욕구, 안전의 욕구, 사회적 욕구, 존경의 욕구, 자아실현의 욕구 인간의 욕구를 이렇게 다섯 단계로 나눴다. 인간은 생리적 욕구 안전의 욕구가 실현되고 나면 어느 정도 만족을 한다. 배가 부르고 나면 더 먹고 싶은 것이 없어진다. 잠을 푹 자고 나면 더 자고 싶은 생각이 사라진다.

그렇지만 성취동기, 성공 동기라고 할 수 있는 최상위 자아실현의 욕구는 실현되면 될수록 더욱더 강력해진다. 간단한 예를 들어보도록 하자. 학창시절 열심히 공부하고 노력하여 본인이 원하는 기업에 취직하게 된다. 입사 시절부터 우수사원으로 칭송을 받으면서 프로젝트를 맡게 된다. 맡은 프로젝트를 잘 해내게 되어 회사로부터 보너스 등의 성과금과 포상휴가 등을 받게 되면 그로 인해 성취감이 생긴다. 성취감이 생기면서 만족하게 되지만 이 성취감에 계속 취해 있는 것이 아니라 더욱더 성공을 갈망하게 되고 성공을 좇아가게 된다. 고기도 맛본 놈이 고기 맛을 안다고 성공도 해본 경험이 있으니 더욱더 성공을 갈망하고 좇게 된다.

반면에 결핍 동기는 조금 이야기가 달라진다. 결핍 동기는 낮은 욕구의 수준들이 결핍되었을 때 이것을 채우려고 하는 것이다. 인간은 누구나 내면의 기쁨을 찾고자 한다. 내면의 기쁨이 인간 본연의 욕구이지만 내면의 기쁨이 아니라 불안감이 엄습

해 온다면 어떨까?

'아, 이러다 죽는 거 아니야? 나도 사랑받고 싶다. 돈 벌고 싶다. 돈이 없어지면 어쩌지?'

미래에 대한 막연한 불안감, 사랑을 주기보단 받고 싶어 하는 감정, 돈이나 어떠한 물건이 없어질까 하는 막연한 두려움 이런 감정들을 느껴본 적 있는가? 인간이 경험하는 온갖 정신적인 문제들의 증세들은 이런 감정들과 직결되어 있다. 막연한 불안감과 두려움 때문에 계속 채우려고 욕심을 부린다. 자기는 주기를 싫어하면서 받고 싶기만 하는 굉장한 이기심을 가지고 있다. 이렇게 되면 즐거움은 사라지고 몸은 과도한 긴장에 시달리게 된다. 그래서 결핍 동기가 있는 분들은 삶을 힘들게 살아간다.

누구나 결핍 동기는 존재한다. 집안이 가난했으면 배우자는 경제적인 능력이 있는 부자를 선택한다. 알코올중독인 아버지가 계셨다고 한다면 상대방 아버지는 술을 전혀 못 드시고 건강한 분을 찾는다. 본인의 학력이 짧다면 상대방은 가방끈이 긴 사람을 선택한다.

여기서 중요한 것은 나만의 결핍 소위 말하는 콤플렉스를 콤플렉스라고 단정 짓고 극복하려고 노력하지 않는다면 이는 결국 열등감으로 변화되어 행복한 삶을 살 수 없게 된다. 내면이 단단하지 않고 열등감으로 무장되어 있다면 늘 남에게 인정받으려고 노력하게 된다. "저 사람 왜 저래?"라는 소리를 들을 정도로 과도한 행동을 하면서 있는 척, 잘하는 척, 잘난 척을 한다. 그리고 남의 잘못을 쉽게 용서하지 않는다. 자신보다 잘난 타인의 잘못을 보면 늘 깔아뭉개며, 그것을 이용해서 상대방보다 우위에 서려고 한다. 이러한 상황이다 보니 늘 삶이 힘들고 고되다.

앞서 언급한 김창옥, 김미경 강사가 삶이 어렵고 불우했고 결핍이 있었지만 극복하려고 노력하지 않았다고 한다면 명강사가 될 수 있었을까? 그래서 결핍 동기는 어찌 보면 우리를 더욱 풍요롭게 해줄 수 있다. 결핍이 있다고 느낀다면 채우려는 노력 및 시도를 해야 한다. 노력과 시도조차 없이 텅 비어 있다고 한탄하고 열등감으로 무장되어 있다면 험난한 세상 살아가기 쉽지 않을 것이다. 세상이라는 곳은 결코 만만한 곳이 아니다. 세상은 동화 속에 나오는 아름다운 도시, 장소가 아님을 기억하자.

누구나 자아실현을 하고자 한다. 자아실현을 위해서 꿈을 위해서 결핍이 좋고 나쁘고를 떠나서 어떻게 하면 우리 인생을 좀 더 찬란하게 멋지게 살아갈 것인가 고민을 해보자. 현재 힘들게 살고 계시는 모든 분 결핍은 있을지언정 결코 좌절은 하지 말았으면 한다. 좌절하다가 넘어져도 오뚜기처럼 다시 일어서길 바란다.

"어제 있었던 일을 걱정하기보다는 내일을 상상하자."

— 스티브 잡스 —

## Day 28

# 일을 즐길 수 있는
# 방법

　🌙 대한민국 헌법 32조에 보면 "모든 국민은 근로의 의무를 진다. 국가는 근로의 의무의 내용과 조건을 민주주의 원칙에 따라 법률로 정한다."라고 기재되어 있다. 즉 근로의 의무는 대한민국 국민이라면 예외 없이 누구나 이행해야 하는 4대 의무 중 하나이다.

　이 의무를 지키지 않으면 법률에 따라 불이익을 받을 수 있다. 그리하여 사람은 누구나 일을 해야 한다. 거창하게 법의 힘을 빌리지 않더라도 밥을 먹고 생계를 유지하기 위한 수단으로서라도 일해야 한다.

　학창시절 배웠던 자기만족, 자아성취보다는 의무감이 더 크다. 그러다 보니, 하기 싫을 때도 생기게 된다. 너무 고되고 반복된 노동을 오랫동안 하다 보니 소진현상(burn out)이 생긴다. 일을 그만두고 싶고 이때까지 해왔던 일이 아니라 가슴이 설레는 색다른 일을 해보고 싶다. 피할 수 없으면 즐기라고 하지만 나랑은 전혀 다른 세상의 이야기처럼 느껴지고 고리타분한 기성세대들의 주장처럼 생각된다. 어렸을 때 꿈꾸었던 일을 해보고 싶지만, 막상 현실에 부딪히다 보면 현실과 이상의 괴리 속에 결국은 현실과 타협하고 만다.

그렇다면 하나밖에 없는 내 인생 일을 즐기는 방법은 없을까? 방법은 아이러니하게도 일에 즐거움을 가지는 것, 말장난 하는 것처럼 느껴질 수도 있지만 가장 단순한 것이 가장 진리라고 현인들은 이야기하였다. 그런데 문제는 어떻게 즐거움을 느껴야 하느냐이다.

천천히 곰곰이 생각을 해보길 바란다. 여러분들이 지금 하는 일 중에서 조금이라도 즐거움을 느끼고 있는 것이 있는가? 회사 업무이든 가정일이든 운동이든 사람을 만나는 일이든. 아주 조금이라도 즐거움을 느끼는 것이 있을 것이다. 회사에서 하는 업무는 즐겁지 못하다. 그렇지만 회사 업무가 아닌 취미활동이나 사람들을 만나서 교제하는 것 이런 것은 자발적으로 너무 잘하고 재미있게 즐기고 있지 않은가? 즐거우니깐 재미가 있으니깐 자발적으로 하는 것이다. 즐겁지도 않은데 어떻게 억지로 일을 할 수 있을까? 즐거움이 뒤따르지 않는 일은 그저 고역에 불과하고 의무적으로 꾸역꾸역하고 있을 따름이다.

지금 하는 일 중에서 즐거움을 누리는 것이 있다고 한다면 그 것을 아주 조금씩이라도 하는 것이 좋다. step by step으로 차근히 조금씩 해보는 것이다. 처음부터 적성에 맞고 재미있는 일을 본인이 원하는 일을 찾았으면 다행이지만 그것이 아니라고 한다면 조금씩 접근을 하는 것이 최상의 방법이다.

그런데 즐거움을 누리기 위해서는 따르는 고통이 있다. 그 고통이란 다름 아닌 지루함과 무료함과 싸움이다. 즐거움을 누리려고 한다면 따르는 고통이 없이 마냥 즐겁기만 하면 안 될 것이다. 회사 업무를 마냥 즐겁게만 한다? 무언가 대가 없이 고통이 없이 즐겁기만 하다는 것은 어불성설이다. 회사 업무가 소꿉장난도 아니거니와 결국 개인의 발전도 없고 장기적으로 봤을 때 회사로서도 손해가 막심하다.

한편 실력을 갖추게 되면 일을 즐길 수 있다. 나는 어렸을 때부터 동네 형들이 골목길에서 자전거를 타는 것이 굉장히 부러웠다. 시원한 바람을 맞으면서 자전거를 타는 것이 그렇게 부러울 수가 없었다. 자전거를 사고 난 이후 자전거를 타려는데 동네 형들처럼 잘 탈 수 있을 것 같았는데 웬걸! 앞으로 제대로 가보지도 못하고 넘어지기 일쑤였다. 무릎팍의 상처는 말도 못하게 쓰라리고 아팠다. 독학으로 자전거를 배워 타는 것이 무리라고 생각하여 아버지의 도움을 빌려 아버지가 뒤에서 잡아주고 했지만, 균형을 잡지 못하고 넘어지곤 하였다.

매일 저녁을 먹고 아버지랑 같이 학교 운동장에서 자전거를 연습하였다. 꼭 잘 타고 말 거라는 일념을 가지고 넘어지고 일어서고 계속 반복을 함으로써 어느 날 씽씽 혼자서 바람을 가르면서 타는 것을 발견하였다. 처음에는 아버지가 뒤에서 잡아주는 줄 알았는데 알고 봤더니 아버지께서는 처음에 10초 정도만 잡아주시고 손을 놓은 것이었다. 전혀 눈치를 못 챘지만 이후 나 혼자서 씽씽 바람을 가르면서 중심을 잡는 것을 느끼며 자전거를 타고 있었다. 중심을 잡으면서 자전거를 탈 줄 아는 실력이 느니깐 심지어 손을 놓고 탄 적도 있었을 만큼 자전거 타는 실력이 엄청나게 늘게 되었다.

가치가 있는 도전이라고 한다면 충분히 실패해봄직도 하다. 그러다가 실력이 늘게 되면 일은 즐거울 수밖에 없다. 일을 즐길 방법은 실력을 늘리는 것 이것 또한 하나의 방법이다. 그런데 사람은 다 같을 수가 없다. 이렇게 반문을 하는 예도 있을 것이다.

"실력이 있으면 뭐해요? 실력이 있다고 해도 재미도 뭐 딱히 없는데요. 그럼 어쩌나요?"

실력을 늘렸고, 실력이 있음에도 즐거움을 못 느끼는 경우가 있을 것이다. 이런 예는 어떠한 보상이 없는 경우 즉 경제적인 결과물이 없기 때문이다. 경제적인 결과물이 생긴다면 자연스레 즐거움이 뒤따라온다. 그리고 실력이 있으면 인정을 받으니 재미를 느낀다.

직업의 가장 기본은 생계를 우선 해결하려고 하는 것이다. 인간의 최하위 욕구 중 하나가 생리적 욕구이다. 기본생계를 유지하기 위해서 일을 하지만 그 일이 돈이 되느냐 안 되느냐가 우선이다. 취미처럼 일하는 분들이 있을 것이다.

"하나밖에 없는 내 인생 즐기면서 살 거야. 힘든 일 하기 싫어 안 할 거야. 나는 욜로족이야. 욜로족처럼 살다 갈 거야."

취미처럼 일하고 욜로를 즐기다가 결국은 파국을 맞게 된다. 본인만 힘들어진다. 특히 프리랜서분들이나 소속이 되어 있지 않고 자유로운 영혼처럼 일하시는 분들은 일거리에 따라 다르겠지만 일을 하고 있지만, 취미처럼 일하면서 불안해한다. 일에 대한 즐거움을 느끼려고 한다면 생계를 해결하고 난 이후 즐거움을 느껴야 한다. 프리랜서라고 하더라도 그 일에 뛰어나게 잘할 수 있도록 사람들이 인정할 만큼의 실력을 갖추고 난 이후 생계가 해결되고 나면 즐거움은 당연히 따라온다. 축구 국가대표 선수였고 현 대한축구협회 부회장을 맡고 계신 이영표가 방송에서 이야기하였다.

"나는 노력해도 안 돼. 될 사람만 되는 거야 많은 분이 이야기하시는데요."

"노력은 고통스럽습니다. 그러나 원하는 것을 놓치는 고통보다는 노력에서 오는 고통이 훨씬 견디기 쉽습니다. 더디 자라는 것을 두려워 마십시오. 그 자리에 멈춰 있는 것을 두려워하십시오."

축구선수로서는 상대적으로 단신이고 빈약했지만, 개인의 철저한 노력으로써 월드컵 국가대표선수까지 갔던 이영표의 말을 한 번쯤은 새겨봄 직하다. 세상에 그저 주어지는 것은 없기에 일은 고통스럽겠지만 결국은 즐기면서 하는 것 그것이 고통을 이겨낼 수 있는 유일한 길임을 꼭 기억하자.

"당신이 하는 거의 모든 일이 사소하다. 하지만 당신이 그것은 한다는 것은 매우 중요하다."

— 마하트마 간디 —

# Day 29

# 미래에 대한
# 막연한 불안감을 없애려면

🌙 우리는 미래에 대해 막연한 불안감을 가지고 살아간다. 앞을 내다보는 능력이 전혀 없으므로 어떠한 일이 어디서 어떻게 발생할지 모른 채 불안감 없이 안정된 생활만을 영위하려고 한다. 불안감 때문에 안정화 된 일을 하고 편안하고 안락한 생활만을 원한다.

하고 싶은 것, 좋아하는 것은 누가 시키지 않아도 능동적으로 적극적으로 한다. 그렇지만 하기 싫은 것, 좋아하지 않는 것은 마지못해 어쩔 수 없이 눈물을 머금고 울며 겨자 먹기로수동적일 수밖에 없다. 성취한다는 것, 성장한다는 것은 단순하고 간단하다. 하기 싫은 것을 꾸준히 하다 보면 정상에서 웃을 수 있고 이것이 성장이다.

한편 운명론자의 사고처럼 그것은 내 운명이고 팔자라고 생각을 하면서 그래서 나는 안 될 것이라고 미리 정하지 않고 먼저 행동을 하며 도전을 해야 한다.

어떠한 남자가 있었다. 그 남자는 가난한 농부의 아들로 태어났다. 가난한 아들로 태어난 것이 너무 싫어서 실컷 고구마나 감자를 삶아 먹는 것이 소원이라고 할 정도였다. 농사일만 시키는 부모님이 싫어 가출을 결심하였고, 몇 번의 가출 끝에 쌀가게에서 일하게 되었다. 쌀가게에서 번 돈으로 회사를 차리게 되었고 그 회사가 모태가 되어 지금의 대기업으로 성장할 수 있었는데 이 남자는 바로 고인이 되신 정주영 회장이다.

정주영 회장이 살아생전에 자주 하시던 말씀이 "임자 해봤어?"라고 한다. 지위나 직책을 막론하고, 어떤 문제에 부닥쳤을 때 난감한 기색을 표하면 정주영 회장은 이렇게 질책했다고 한다. 정주영 회장이 하고자 했던 일들은 주변에서 극구 반대하던 일이었다. 보통학교 출신이라서 뭘 모른다고 회사 하나 말아먹는 정도가 아니라 나라 망신시킬까 봐 겁이 난다는 소리까지 들었다고 한다. 그런데도 자기가 해야 한다고 생각한 일들은 하늘이 무너져도 무조건 해야 하는 사람이었다. 불도저 정신으로 정주영 회장은 어떻게든 다 해냈고, 결국 이런 업적들을 남길 수 있었다. 비록 고인이 되셨지만 이러한 사고로써 지금까지 이어올 수 있었고 우리나라의 경제계를 좌지우지하는 대기업으로 성장할 수 있었다.

포기는 최선을 다한 사람만이 할 수 있다. 절대로 포기를 하지 않아야 이길 수 있고 끝내는 웃을 수 있다. 아프리카의 원주민들은 기우제만 지내면 신기할 정도로 비가 온다고 한다. 이런 현상이 생긴 것은 비가 오지 않을 때 기우제를 지냈는데 한번 기우제를 지내고 비가 오지 않을 시 그냥 체념할 수도 있지만, 비가 올 때까지 기우제를 지냈기 때문에 끝내는 비가 올 수 있었고 성공할 수 있었다.

'이게 될까?'라고 스스로 의심하고 지레 겁을 먹고 도전조차 하지 않는다. 그러면서 '난 원래 이런 놈인가 봐.'라고 자책한다. 실패가 두려워서 막연한 불안감 속에서 안정을 고집하며 도전을 하지 않고 현실 속에서 안주하기보단 조금씩 나아가보는 것이 어떨까? 두려운 마음, 염려, 걱정 백번이고 천 번이고 이해된다.

시력이 좋지 않은 분들은 돋보기를 이용해서 사물이나 글을 크게 키워서 볼 수 있다. 돋보기의 주 용도는 시력 저하를 위한 보조수단이지만 우리는 돋보기를 이용해서 불을 낼 수도 있다.

돋보기를 이용해서 태양의 빛이 조금씩 모이게 되면 아주 미약한 미열이라고 할지라도 종이를 태울 수 있게 된다. 불을 일으킬 수 있는 만큼의 에너지를 만들게 된다. 그렇지만 초점이 흐려지게 된다면 아무런 에너지를 얻을 수 없다.

현실 속의 불안감 속에서 마냥 가만히 있는 것이 아니라 약간의 움직임을 통해서 에너지를 얻어보도록 하자. 처음에는 조금의 에너지이겠지만 이러한 에너지가 모이고 모여 화산폭발을 할 만한 잠재력은 누구에게나 있다.


미래에 대한 막연한 불안감이 있을 것이다. 막연한 불안감이 고민으로 다가올 것이다. 불안감과 고민이 있다고 한다면 그 불안감을 없애려고 하기보단 불안감의 근원을 찾아보고 그 근원 속에서 조금씩 움직여야 한다. 움직이다 보면 반드시 답은 나온다. 흔히들 하는 말로 현장에 답이 있다. 책상머리에서는 절대로 나올 수 없는 현장에 답이 있다.

할까 말까 고민하지 말았으면 한다. 갈까 말까 고민하지 말길 바란다. 무턱대고 지르는 그것보다 고민한다는 것은 바람직하지만 너무 장시간의 고민보다는 무언가를 해볼까, 가볼까 고민을 해본다는 것은 이미 마음속에 이미 하기로 마음은 정해진 것이다. 마음을 속이지 말고 나와 타협하지 않은 채 매일 매일 힘찬

하루가 되었으면 한다.

"우리는 실제로 벌어진 일보다는 앞으로의 일을 걱정하면서 마음의 고통을 겪는다."

– 토머스 제퍼슨 –

# Day 30

# 마음속의 근육을
# 단련하자

🌙 대학교를 졸업하고 사회복지사로
일한 지 어언 17년째로 접어들었다. 오랜 직장생활을 하면서 주
어진 소득에 만족하면서 살았으면 좋으랴만. 직장과 일이 싫어
서가 아니라 단순한 반복된 삶이 싫어 다양한 일을 하고 싶었
다. 작년에 코로나 19로 인해 확진자가 계속 발생하고, 강력한
방역정책과 코로나 정책으로 경제적인 상황이 썩 좋지 않았다.
자연스레 비대면화 되면서 배달업체가 호황을 누리고 비대면으
로 하는 무인 점포가 유행처럼 번지고 있던 시점이었다. 갑작스
레 나의 머리를 스치는 것이 있었다.

'나도 무인점포 해볼까?' 무인점포이다 보니 당연히 인건비는
안 들 테고, 코로나 시대에 적합한 아이디어 같았다. 여러 가지

무인점포를 조사하면서 결국 하기로 한 것이 나우커피라는 브랜드의 무인카페였다. 그때 당시 나우커피는 국내 최초 무인카페 전문브랜드로써 주목을 받고 있었고 계속 성장을 하고 있었다. 프랜차이즈이다 보니 본사의 도움을 받아서 대출부터 시작하여 일사천리로 진행하여 2021년 6월에 오픈을 하게 되었다.

처음에는 설렘과 기쁨이 오갔지만, 한편으로는 장사가 안되면 어쩌지라는 염려도 되었다. 하지만 대학교 앞이고 아파트 단지가 옆에 있으니 홍보만 되면 장사가 잘될 것만 같았다. 홍보에 주력하고 노력을 하면 반드시 잘될 것이라고 스스로 최면을 걸면서 하루하루 지내게 되었다. 한편 직장생활을 같이하면서 가게를 운영하기는 절대 쉽지 않았다.

아무리 무인 점포이지만 손님들이 오고 간 자리에 매장 청소 및 기계 청소도 해야 했다. 특히나 코로나 시국에 손님들이 안심하고 이용할 수 있도록 위생에 목숨을 걸어야만 했다. 비가 오나 눈이 오나 새벽에 가게에 가서 청소하고 자판기에 재료를 채워 넣고 관리를 하는 것은 고역이었다. 새벽에 청소하고 직장으로 출근하는 피곤함이 수반되었지만, 매출이 조금씩 생기니 보람과 기쁨이 저절로 따라왔다. 몸과 마음이 힘들더라도 가족을 위해 자처한 일이었다. 하지만 날이 갈수록 허탈감, 절망감이 뒤따라왔다. 대학교 앞의 점포다 보니 학생들이 주로 이용을 하는데 코로나 시국이다 보니 학교 수업을 하지 않았다. 학교에 오는 학생들이 별로 없다 보니 점포의 이용객들이 많지 않았고 매출 자체가 시원치 않았다. 수익이 많이 없더라도 적자는 없어야 하는데 결국 적자의 누적으로 2022년 3월에 폐업하고 말았다.

허탈했다. 버티고 버텨서 어떻게든 가게를 이끌어가려고 했는데. 물론 정부에서 주는 소상공인 방역지원금을 받았지만, 적자를 메꾸기에는 터무니없이 부족하였다. 무인점포 운영으로 좀 더 나은 삶을 살고 싶었던 것을 하늘이 시샘한 것이었을까? 하늘의 도움이 부족한 것이었을까? 노력을 다했지만, 하늘을 감동하게 하진 못한 것 같았다. 반듯한 직장이 있지만 나름대로 점포운영에 최선을 다했기에 더욱 허탈해졌다. 이런 나 자신이 한심해졌다.

평소 정신력이 강하다고 느꼈던 나였다. 그렇지만 이까짓 일로 한심하고 허탈한 나 자신으로 헛웃음만이 나왔다. 어떻게든 극복하리라 마음을 먹고 임대차 관련 계약 등 모든 일을 다 해결하니 힘든 일이 있었나 싶을 정도로 예전의 나로 돌아갈 수 있었다. 그전에는 시련과 역경으로 마음속의 근육이 약해졌던 것이었다.

 열심히 노력했지만, 눈앞에 실패와 절망이 다가왔을 때 그것을 이겨낸다는 것은 결코 쉬운 일은 아니다. 모든 것이 무너진 것 같아서 세상을 다 잃은 듯한 느낌을 받게 된다. 쓰디쓴 소주한 잔을 입에 털어 넣어버리고 그 일이 사라지거나 망각할 수만 있다면 얼마나 좋을까? 다시 과거로 돌아가면 잘할 수 있을 것같지만 이미 버스는 떠나갔다.

 "이 빌어먹을 놈의 세상. ××만 아니었어도. 누구만 아니었어도. 내가 이렇게 되진 않았을 텐데."

 한없이 분노를 쏟아내 보지만 주어진 결과는 변함이 없다. 그결과를 무덤덤하게 받아들이느냐 못 받아들이느냐 차이일 뿐이다. 받아들인다고 한다면 그 상황에서 다시 재기 및 최선을 다해 살 것이다. 아무리 힘들더라도 살다 보면 다 살게 된다. 고난과 시련을 결코 피할 수 없다. 누구에게나 반드시 닥치게 되어있다. 무탈하게 살았던 사람이라도 마치 하늘이 테스트라도 하듯 삶의 고난은 찾아온다. 그렇지만 기억해야 할 것은 이겨내지 못할 고난은 없다는 것이다. 우리에게는 이겨낼 힘이 있다. 역사를 거슬러 올라가면 우리 한민족은 고난의 민족이었다. 그렇지만 다 이겨내고 극복하였다.

가장 중요한 것은 자기 자신을 믿는다는 것. 아무리 어려운 일이 닥치고 역경이 닥치더라도 극복할 수 있다는 강렬한 믿음을 가져야만 한다. 인간은 나약한 존재라고는 하지만 알고 보면 강한 존재이다. 우리는 승리할 수밖에 없다. 철은 두들길수록 더욱더 단단해진다. 시련 속에도 더욱 단단해질 수 있는 마음속의 근육을 단련할 수 있도록 노력해봄 직하다.

"Dreams come true(꿈은 이루어진다.)."

– 2002년 월드컵 캐치프레이즈 –

## Day 31

# 오르지 못할 나무는
# 오른 만큼 이득이다

🌙 "네 주제를 알아야지. 어디다 대고 감히 난리를 쳐! 제 분수도 모르고 설쳐대기는 감히 네까짓 게. 어휴 한심하다. 한심해!"

TV 드라마나 영화를 볼 때 가끔 이렇게 막장의 끝을 달리는 대사를 들을 수 있다. 시어머니가 남자 주인공인 아들을 애지중지 키운 덕택에 아들은 의사나 판검사가 되었다. 하지만 아들이 데리고 온 여주인공 여자는 별 볼 일 없는 직장인이다. 심지어는 양가 부모님까지 없는 예도 있다 보니 시어머니가 화가 머리끝까지 치밀어 올라 이런 말을 서슴없이 한다. 이런 내용을 보면서 내가 그렇게 비련의 여주인공이 되었으면 어떠했을까 상상해본다. 마지막으로 시어머니는 가슴에 대못을 박으며 꼭 이런 대사를 가져다 붙인다.

"오르지 못할 나무는 쳐다도 보지 마. 너만 다쳐!"

목표를 이루려고 할 때 자신에게 능력이나 조건, 상황 등이 받쳐주지 않으면 목표를 실현하기 어렵다. 금전적, 육체적, 정신적인 한계로 인해 자신이 이루고자 할 목표에 도달하지 못하게 된다면 자연스럽게 포기하거나 아니면 무리해서 고집을 피우다가 끝끝내 패가망신할 뿐이다. 그렇지만 조금은 달리 생각을 해보는 것은 어떨까?

직장생활을 하다 보면 다양한 사람들을 만날 수 있다. 뭐 이런 사람들이 있나 싶을 정도다. 희한한 별종 같은 사람들이 널리고 널렸다. 적어도 이십 년 이상 다른 환경에서 살았으니 이해하고 넘어가야지 하고 쉽게 넘어갈 수도 있다. 그렇지만 최소한 인간이라면 인간 같은 행동을 해야 하는데 인간 같지도 않은 행동을 한다.

일하려고 하는데 디딤돌은 되어주지 못할망정 걸림돌이 된다. 부서 간의 충돌로 인해 협업이 되지 않고 상호존중이라는 것은 하나도 없다. 격려나 위로는 못 해줄망정 비난과 정죄를 하며, 꽈배기처럼 꼬인 말투로 사람을 천불 나게 한다. 입사 5

년 차에 큰 프로젝트 업무를 맡게 되어 주야를 가리지 않고 열심히 해서 회사에서 인정을 받고 싶었다. 그렇지만 위 선임들이 대뜸 이렇게 이야기를 한다.

"이 대리 그거 힘들 텐데? 할 수나 있겠어? 내가 보기에는 힘들어 보이는데 그냥 포기해."

"저 할 수 있거든요. 부장님이 저에 대해서 얼마나 안다고 그러세요? 진짜 너무하시네요."

이런 말들이 입속을 뱅뱅 맴돌고 있다. 그렇지만 이런 발언은 현실적으로 불가하기에 참고 또 참는다. 대신 복수의 칼날을 간다.

'두고 봐! 내가 이 프로젝트 꼭 성공시켜 보란 듯이 해서 코를 납작하게 해줄 테다.'

야근을 밥 먹듯이 하면서 박카스를 끼고 살면서 코피 흘려가면서 프로젝트를 준비하였다. 기획안 작성 및 PPT 작성을 하고 기타 등등 여러 가지 일을 하면서 드디어 임원진들 앞에서 발표할 일만 남았다. 그러나 세상만사 모든 일이 내 맘처럼 된다고 한다면 얼마나 좋을까? 야근을 밥 먹듯이 하고 박카스를 끼고 살 정도로 너무 매진한 결과 피로가 누적되어 결국은 과로로 인한 입원을 하게 되었고, 결국 발표는 외국으로 물 건너간 배가 된 꼴이 되어 버렸다.

과도한 허구같이 느껴지지만 실제로 이런 일들을 주변인들을 통해 전해 들을 수 있었다. 엄청난 노력을 했는데, 결국 의도와는 다르게 일이 흘러갔고 이로 인해 좌절감, 패배감을 느끼고 의욕이 확 떨어져서 한동안 일이 손에 안 잡힌다고 하였다.

하지만 실망할 것은 없다. 과도한 노력으로 인해 피로가 쌓여 당일 발표를 못 한 결과는 있었지만, 기획안 작성 및 PPT 작성 등 여러 가지 일들을 통해 업무의 능률성은 높아졌다. 좌절감과 패배감, 실망감이 한동안 맘속에 맴돌겠지만, 성장의 과정이라고 생각해야 할 것이다. 남들은 오르지 못할 나무라고 하였지만 올라가려고 노력을 했기 때문에 나무의 성질과 나무의 특징에 대해 학습하게 되고 훗날 더 잘 올라갈 수 있는 밑거름이 되었다.


사람이 살다 보면 도전거리도 생기고, 버라이어티한 일들이 발생한다. 다양한 일들 가운데에서도 잘못되고 난관에 봉착하는 일들이 생긴다. 잘못되고 난관에 봉착해도 포기보다는 도전과 노력을 하는 것이 인간의 삶의 묘미이다. 도전과 노력을 했지만 나쁜 결과 안 좋은 결과가 나온다고 하여도 거기에서 배울 수 있다. 생각의 전환을 해보자. 오르지 못할 나무는 쳐다보지 말라가 아니고 오르지 못할 나무는 오른 만큼 이득이다. 오르지 못할 나무는 사다리를 타고 올라가면 된다.

한편 다른 시각으로 생각을 전환을 해보자. '내가 바라보는 저 나무가 내가 능력이 부족하므로 나의 힘이 부족하므로 오르지 못한 것이 아닐까?' 하는 생각을 해봄직도 하다. 때로는 환경으로 인해 오르지 못하는 나무가 될 수도 있다. 나무는 가만히 있는데 비가 많이 와서 미끄러질 것 같아서 못 오르고, 태풍이 불다 보니 나무가 흔들흔들하다 보니 못 오르는 예도 있다. 왜 저 나무는 오르지 못할까 고민도 해봄직도 하다. 냉정하게 나를 판단하여 부족한 것이 무엇인지 알아내려고 노력 또한 해야 한다.

될 수 있으면 환경 탓 사람 탓하지 말자. 물론 직장생활 가운데에서 다양한 인간 군상들을 만나게 되고 다양한 일들을 만나면서 탓할 수는 있다. 그렇지만 과거를 복기해보자. 냉철하게 냉정하게 생각해보고 반성해보자. 그렇게 하지 않으면 자기만 상처를 받고 자기계발에는 도움이 전혀 되지 않는다. 자기가 선임에게 받은 상처, 일하면서 받았던 상처나 어려움 등은 후임이 들어왔을 때 오히려 더 잘해주고 상처를 주지 않는 사람으로 살아야 한다고 다짐과 행동을 한다면 그 사람은 오히려 더 성숙한 인간이 될 수 있다.

긍정적으로 생각하는 것, 당연한 말이지만 그 당연한 것을 못 지키는 사람들이 참으로 많다. 과거의 실패, 상처에 얽매이는 사람이 되지 말자. 그렇다고 너무 과거의 영광에만 취하지도 말자. 한 발짝 나간 그 발걸음에 나아간 만큼 그리고 나무에 오른 만큼 반드시 이득으로 돌아올 것이다. 그리고 열 번 찍어 안 넘어가는 나무는 없다는 사실을 염두에 두자.

이는 순정남이 한 여자에게 과도한 금품과 물질 공세, 자상함, 배려심을 통해서 여자의 마음을 얻게 된다는 남녀 관계의 연애에서 금과옥조처럼 여겨지는 말이다. 이 말을 직장생활에 대입하여 생각해본다면 직장 내 다양한 부서, 다양한 업무 등을 통해서 처음에는 두렵고 힘들겠지만 계속된 도끼질을 통해서 나무가 이기느냐, 내가 이기느냐 씨름을 하는 것이다. 직장이 아니더라도 목표하고 꿈꾸고 있는 모든 일들, 불가능하게 보이는 모든 일이 있다. 내가 나무꾼이 되어서 훗날에는 결국 나무를 쓰러뜨릴 수 있는 날이 반드시 올 것이다. 낙심하고 좌절하지 말자. 염려 불안해하지도 말자. 나무는 찍은 만큼 오른 만큼 이득이다.

"우리는 너무 늙기 전에 우리의 삶을 시작해야 한다. 두려움은 멍청한 감정이다. 후회 또한 그렇다."

– 마를린 먼로 –

## 마치는 글

  우연히 동물의 왕국을 보게 되었다. 새의 탄생에 대해서 나오고 있었다. 동물의 왕국은 나의 시선을 사로잡기 충분하였다. 새가 알에서 태어나면서 성장 과정을 거치고 어미 새를 떠나서 자유롭게 날아다니는 모습을 보면서 많은 생각이 오갔다.

  모든 새는 알에서 태어난다. 어린 새는 작고 연약하므로 어미 새의 보호 아래 있지만, 성장을 하면서 자유롭게 전 세계를 돌아다닐 수 있는 능력과 자유가 생긴다. 하지만 그 능력과 자유가 생기게 하기 위해서는 전제조건이 있다. 그것은 바로 껍질을 반드시 깨부수고 알에서 벗어나야 한다는 것이다. 힘겹게 알을 깨고 난 이후 새로운 세계를 맞을 수 있다. 알 속의 세계는 완벽하지 않지만 나름대로 포근하게 아기새를 보호하고 있었다. 하지만 그 포근함을 포기하고 아기새는 껍질을 깨고 비상한다.

  그 껍질을 깨고 비상하는 것이 아기새의 입장에서는 얼마나 두렵고 무서웠을까? 그렇지만 껍질을 깼기 때문에 전 세계를 다니면서 훨훨 날아다니고 여행할 수 있었다.

인생, 삶이라는 것은 쉽게 단정을 짓기 어렵다. 누군가 여러분에게 "인생이란 무엇일까요? 삶이 무엇일까요?"라고 물어본다면 쉽게 대답을 하긴 어려울 것이다. 워낙 변수가 많고 다양한 일들이 요람에서 무덤까지 갈 동안 일어나니 말이다. 하지만 이것 하나는 분명하다. 노력한다면 인생은 잘될 수밖에 없고 이전보다 좋아지리라는 것 말이다.

현실을 직시하면 늘 힘들고 우울한 일들만 있다고 생각하지 말자. 가진 것이 별로 없고 건강이 좋지 않아서 인생에 대해 부정적 시각으로 세상을 바라보고 부정적 생각을 하는 분들도 계실 것이다. 그렇지만 우리가 어렸을 때부터 귀에 못이 박히도록 들은 말이 있다.

"노력해서 안 되는 일은 없다. 재능은 노력을 이기지 못한다."

물론 타고 난 신체조건, 외형으로 인해 노력을 쏟아부어도 힘들고 안되는 것도 있다. 이것은 어쩔 수 없으니 인정을 하자. 돈이나 명예, 건강 등 추구하는 무엇이든 잘될 수밖에 없다. 우리는 연약한 아기새 같지만, 껍질을 깨고 나올 힘이 있다. 잠재된 마음속에 거인이 살고 있다. 자기 자신을 더욱더 사랑하고 믿어 보도록 하자. 껍질을 깨고 나오면 세상이 달리 보일 것이다. 물론 껍질 속의 포근함과 안락함을 포기하기는 어려울 것이다. 그렇지만 그 껍질을 알고 보면 굉장히 얇은 보호막에 불과하다. 얇은 막을 깨고 세상에 나와 퍼덕거리면서 살아남기 위해 노력을 하다 보면 실패도 하지만 그만큼의 경험치는 쌓이게 된다. 비행에 자신이 생긴다.

한탄을 그만하고 부족하다면 채우도록 노력을 해보자. 이제는 전 세계의 더 높은 산과 더 깊은 바다를 건너 훨훨 날아가면 된다. 인생은 건드리면 뿅~ 하고 소원을 이루어주는 마법의 지팡이는 없다. 이것은 철저히 동화 속의 이야기일 뿐이다.

늘 기도하는 마음으로 하루하루 노력과 최선으로 열심히 살아가다 보면 반드시 좋은 날이 올 것이니 부디 실망하지 말자.

이것은 나만의 주장이 아니라 숱하게 제시된 만고불변의 진리이
다. 여러분들의 인생을 격하게 응원을 드리며 마지막으로 이한
철 가수의 슈퍼스타의 가사 일부분으로써 글을 마치고자 한다.

"괜찮아, 잘 될 거야. 너에겐 눈부신 미래가 있어. 괜찮아 잘 될
거야. 우린 널 믿어 의심치 않아. 너만의 살아가야 할 이유 그게
무엇이 됐든 후회 없이만 산다면 그것이 Super Star."